上手な教わり方の秘訣

[編著]
小高　正芳
[著]
福田　達夫
秋田　　豊
佐々木幸治
鈴木　香織
青島　利久

三恵社

上手な教わり方の秘訣　はしがき

「上手な教え方の秘訣」について書かれた本は数多く見受けます。しかし、「上手な教わり方の秘訣」について書かれた本は希少です。

これは、人が「教えること」に興味を持つほど「教わること」については、関心を示さないためでしょう。

世の中に「教える人」が大勢いるからには、一方で「教わる人」が数多く存在することは明らかです。

であるならば「上手な教え方」についてだけ関心を持つのではなく「上手な教わり方」についても研究する価値があるのではないか、と考えたのが本書の執筆を思い立った理由です。

例えば、ごくありふれた人物の代表例として、山田さんのケースとしての「上手な教わり方の秘訣」を考えてみましょう。

山田さんがこの世に生を受けてこの方、山田さんの母親をはじめ父親や兄弟・姉妹あるいは叔父・叔母あるいは祖父・祖母からあらゆる機会にいろいろなことを教わってきたと考えられます。

山田さんとしては、その時、相手の言おうとしていることがわからないという事態に遭遇する場面もあったと思います。

その時、山田さんは当然の対応として、相手にいろいろと質問して、その相手の真意を理解しようと努力したに違いありません。

その質問するという行為そのものが、いうまでもなく、山田さんにとって「上手な教わり方の秘訣」への第一歩であることは疑う余地がありません。

山田さんが質問した結果、相手の言うことをよく理解できた場合もあったでしょうし、そうでない場合もあったでしょう。

そのような小刻みの努力を継続した結果として、「上手な教わり方」のコツを次第に会得していったに違いありません。

本書では、六名の筆者が体験した様々なケースを通じて「上手な教え方の秘訣」について挑戦した事例を挙げたものです。筆者によって「上手な教え方の秘訣」はさまざまな様相を呈していて、とても総括的に論ずることは困難であることをご理解いただけるものと存じます。

しかしながら、本書を読み進むうちに「上手な教え方の秘訣」のヒントをつかみ得ることがありましたら、筆者一同の喜びがこれを過ぎることはございません。

平成二十七年十二月七日

執筆者を代表して　編著者　小高正芳

目次

第一部　福田　達夫による「上手な教わり方の秘訣」

第一章　社会人が「教わる」ということ

（１）　日本人は勉強好き？

日本人は勉強好きだとよく言われます。少し古い統計になりますが、３０００万人が何らかの教室に通っているといいます。しかし、筆者自身の体験も含め、「がむしゃらに」あるいは「漫然と」教わっているケースが多く、教わり方の質には比較的関心が薄いようにも思います。今回「上手な教わり方の秘訣」の執筆にあたって、５Ｗ２Ｈの切り口で整理してみようと思いました。いわゆる５Ｗ１Ｈ（Why, When, Where, Who, What, How; なぜ、いつ、どこで、だれが、なにを、どのように）になじみのある方も多いと思いますが、ここでいう５Ｗ２Ｈは（Why, What, Where, Whom, When, How much, How to; なぜ、なにを、どこで、だれと・だれから、いつ、いくらかけて、どのように）です。一般的な５Ｗ１Ｈに含まれる **Who** は自分自身なので、むしろ **Whom**（だれと・だれから）が大事になるのと、**How much**（いくらかけて）は避けて通れないからです。

教わるというと、学生を思い浮かべることが多いのですが、ここでは社会人が教わることについて考えてみたいと思います。学生が教わる場合の多くは、①時間の制約が少ない、②受動的、③費用の出し手が自分ではない　などと社会人が教わる場合と異なる部分が多く、同列に語りにくいからです。

（2）　Why～なぜ教わるか？

それでは、教わる目的・動機を列挙してみましょう。まず、仕事がらみでは、スキルアップ、部署異動、昇進、資格取得、転職、独立起業、退職後の備え　などがあげられます。仕事以外では、趣味、自分探し、友人作り、老後の準備などがありますね。　これらすべてに共通するキーワードがあるのにお気づきでしょうか？「自分を変えること」です。「変えられないのは過去と他人、変えられるのは未来と自分」といいますが、結局のところ、「自分を変え、それによって未来を切り開いていく」のが教わる目的と言っても差し支えないでしょう。そのように考えると、教わり方について、真剣に考えてみようと思えるのではないでしょうか？

第二章　教わる「コト」と「場」について

（1）　What～何を教わるか

手当たり次第に教わることも、無意味とは言い切れませんが、社会人が時間・お金等の制約のもとでやっていくには、あまりに効率が悪いことは、皆さんも思い当たられるのではないでしょうか？

筆者も20年ほど前の一時期、「おもしろそう」「将来役に立つかも」というだけの動機で、年間50本ほどの講演会、セミナー、勉強会に手当たり次第に顔を出し、今になって振り返れば、「セミナーおたく」のようになっていて、身になったと思えるものは少なく、何かテーマを持つべきだったと反省しています。また、四章で述べるとおり、有限なお金と時間を有効に使うためにも、何を教わるかを明確にしておくことが大事です。この節のタイトルを「What～何を教わるか」としましたが、単にWhatだけでなく、優先度をつけて選び取る「Which」の観点が重要ともいえます。

第一章で述べたとおり、「自分を変え、それによって未来を切り開いていく」のが教わる目的ですから、「自分をどのように変えるのか？」「どのように未来を切り開くのか？」をよく考え、これにつながるものを選んでいく必要があります。いくつかの視点をヒントに挙げてみましょう。

① 目的は？

趣味系の分野の場合は、目的そのものについて深く考える必要はありません。「友達を作りたい」というのも十分目的といえます。ただ、ビジネス系の分野では、「老後の備えのために中小企業診断士資格取得」など漠然としたものではなく、本当にその目的につながるものなのかをよく検討しておきましょう。特に、教わったことをもとにして収入を得ることを目指すのであれば、「その資格で収入を得ている人は現実にいるのか？」「どこから仕事をもらうのか？」などと具体的に考えておくべきです。

② サステナビリティ

昨今、環境や企業の分野で「サステナビリティ」が大きなテーマになっています。「持続可能性」という意味ですが、教わることについてもこれが大事だと思うのです。たとえば、老後年金生活になっても、いま教わったことをベースにした生活が続けられるのか？

学んだことそのもの（知識）が早いサイクルで陳腐化するもの、道具に高額なメンテナンスや買い替えが発生するものなどは要注意です。

③　波及効果・相乗効果

いろんなことを教わっていると、全く異分野なのにどこかでつながっていることや似ていることを発見することがあります。たとえば、ある知人の女性から聞いたところによると、バレエと書道には、驚くほど共通点があるそうです。このように波及効果・相乗効果のある組み合わせが見つかると、楽しさが倍増しますし、その組み合わせで話ができるという意味であなたの存在は希少性のあるものになります。

④　人の輪が広がるか

特に趣味系の分野では、それを通じて人の輪が広がるかというのも一つの判断基準になりえます。せっかく教わったことなので、その成果は人に聞いて・見て・読んでもらいたい、それを通じて人の輪を広げたいと思うのは当然です。「趣味だからそれで構わない」という考え方も当然ありますが、そんな強がりが言えるのは若い今だけかもしれません。テニス、ゴルフなど同好の士が多い分野は無難ですが、分野自身はマイナーでも多くの人に興味を持って話を聞いてもらえるようなテーマがよいでしょう。日本経済新聞朝刊の文化面には、「こんな研究・趣味があるのか」と思えるようなテーマが多く登場しており、参考になります。

⑤　苦手なことは早めに克服

教わるテーマには、好きなこと、得意なことを選びがちですが、「苦手だけど自分の人生を終えるとき、それを全く知らなくては悔いが残るだろう」という分野がないでしょうか？

年を重ねるにつれて、集中力・記憶力・体力は衰えるのですから、そういう分野があればぜひ早めに取り組んでおきたいものです。恥ずかしながら筆者は「見ただけでも気持ちの悪い字を書く」と言われるほどの悪筆ですが、将来孫ができたときのことを想像し、いまペン習字に取り組み始めています。

（2）　Ｗｈｅｒｅ～どこで教わるか

「どこで教わるか」すなわち「教わる場」については、「機関」・「スタイル」・「(物理的な)場所」・の３つの観点でとらえることができます。

図表1　機関ごとの特徴（集合の場合）

		大学院・大学	各種学校	カルチャースクール	フィットネスクラブ	研修	講演会
参加のハードル		高い（試験あり）	低い	低い	なし	低い	なし
費用	総額	百万円以上	数万円～数十万円	数万円	数十万円	数千円～十万円	無料～数万円
	1日当り	1万円以上	数千円	数千円	数百円～2000円	数千円～数万円	無料～数万円
時間	所要	1年～2年	1週間～1年	3ケ月～1年	数年	1日～数日	1日
	自由度	なし	低い	低い	高い	低い	なし

まず、「機関」の観点では、「大学院・大学」、「各種学校（資格・語学など）」など比較的フォーマルな教育専門機関、「カルチャースクール」、「フィットネスクラブ」など主として趣味の分野を受け持つ機関のほか、本来教育機関ではない企業・自治体等も、「研修」「講演会」「セミナー」等さまざまな形で教わる機会を提供しています。

このうち、どこを選ぶかは、教わる内容によっておおよそ決まってきますが、特徴を整理しておくと上記のようになります。使える時間・お金などをにらんで機関を選ぶ参考にしてください。

なお、インフォーマルな「機関」としては、「サークル」、「個人」などがありますが、一般化しにくいので、本稿では何らかのフォーマルな機関から教わることを中心に考え、「サークル」、「個人」から教わることについては、補足的に述べることにします。

次に「スタイル」の観点では、「集合」が基本ですが、「通信指導」、「個人指導」、などのスタイルもあります。「大学」「各種学校」「カルチャースクール」の多くは、「通信指導」のカリキュラムも持っており、「集合」に比べて、費用が1／2～1／3程度、時間の自由度も高いので、取り組みやすい一方、ペースメーカーがいない、クラス仲間がいないという孤独な環境で教わることになるので、成果を挙げるためには、厳しい自己管理が求められます。通信教育の主催団体の方に伺った話ですが、初回の提出を期限内に必ず終わらせるのが秘訣で、初回を期限内に提出できるのは受講生の6割程度ですが、このうち8割程度が修了できるのだそうです。逆に、初回が期限内に提出できなかった場合は、ほとんど修了にたどりつかないのだとか。

個人指導を行うのは、「カルチャースクール」にほぼ限られますが、集合に比べて、費用がやや高額になる一方、時間の自由度がやや高い（自分の都合による日時変更に応じてもらえる可能性がある）のが特徴です。教わる効果は一般的には高くなりますが、先生との相性が効果を大きく左右する面もあり、先生選びに苦労することもあります。

最後に、「（物理的な）場所」については、文字通り「教室」であることもありますが、「スタジオ」であったり、「職場」であったり、あるいはWEB上などバーチャルな空間であることもあるでしょう。「機関」・「スタイル」と「何を教わるか」が決まれば、ほぼ自動的に決まります。とはいえ、最寄駅からの距離や環境など通学のしやすさに関わる要因に加え、「騒音などで気が散る」、「臭気やほこりが多く不潔」など、教わる効果に影響する要因をもった教室も存在しますので、必ず確認しておくとよいでしょう。

このように、教わる場は「機関」・「スタイル」・「場所」の組み合わせと言えますが、本稿では、このような「教わる場」すべてを総称して「教室」と呼ぶことにします。

第三章 「人」について

（1） From Whom～誰から教わるか

① 先生との関係性

「教わる」と似た意味の言葉に、「習う」「学ぶ」があります。辞書を引くと、どれも「知識や技術などを教えてもらう意」というようなことが書いてあるのですが、「自学自習」という言葉があるように、「習う」「学ぶ」は一人でもできるのに対し、「教わる」のには相手が必要です。つまり、「教わる」には、相手との関係性が重要になるのです。

そういう意味で、教わる相手（つまり教える人）を選ぶことは大変重要です。

ふつうは、「何を教わるか」が先に決まりますので、その中で先生（「インストラクター」「コーチ」など教える立場にある人を含み、「先生」と総称することにします）を選ぶことは難しいことも多いのですが、いったん教わり始めた先生に、「今後も教わり続けてよいか？」を考えることも大事なので、選ぶためのヒントをいくつか挙げておきましょう。

②先生を選ぶヒント

a．「その道の達人」よりも、教えることのプロ意識

その道の達人と呼ばれる先生なら間違いないと思いがちですが、その道の達人は、往々にして教えることに無頓着なので、わかりやすく教えてもらえるとは限りません。

「今でしょ！」を流行語にした予備校講師の林修さんは現代国語を教えていますが、もともと数学の講師で、「その道の達人」ではありません。しかし、徹底して生徒目線に立ち、生徒に分かりやすく魅力的な授業を維持するため落語を聴きに行くなどの努力を重ねた結果、人気講師の地位を築くことができました。このように、売り物を磨き続けるプロ意識の高い先生は、お決まりのスタイルに安住することがありません。その分、生徒への要求水準が厳しいことも多いですが、教わる効果は大きいと言えます。

b．センスで選ぶ

先生の立ち居振る舞いやセンスには、大なり小なり影響を受けることになりますし、学習意欲にも影響しますので、先生を選ぶうえで、無視できない要因です。適度な雑談は、教わる内容を印象付け、記憶を高めるのに有効ですが、雑談が多すぎたり、私生活が出すぎているような場合は、先生のプロ意識の欠如ともいえるので、要注意です。話題、話し方、服装のセンスで直観的に「合わない」と思った場合は、やめておくことが無難です。筆者も、あるコンサルタントの体験授業で、その先生の理論はとてもわかりやすく、勉強してみたいという気にはなったのですが、その服装センスがコテコテ・金ピカ趣味でどうしても好きになれず、教わることに踏み切れなかった経験があります。

③ 教わる以上は

さて、「先生を選ぶ」などと書いてしまいましたが、誤解のないようにちょっと補足します。こちらは教わる立場なのですから、先生を選ぶなど本来は僭越な話なのです。吉川英治の小説「宮本武蔵」の中に、「我以外皆我師」という言葉が出てきます。自分以外のすべての人は師となりうる、つまりすべての人から教わることができるということです。部下、後輩、年下…「自分より格下の者から教わるなんて」などと考えていないでしょうか？たしかに「年の功」というように、積み重ねた経験では負けないということはあるでしょう。しかし、考えてみてください。先端技術やITの分野は日進月歩。若い人の方が鮮度の高い情報を持っている可能性があるのですから、彼らが教える立場となっても何の不思議もありません。教わる以上は、謙虚に一段下がって教えを乞うてみるという姿勢を忘れてはいけません。

本稿では、フォーマルな機関で教わることを主眼に書いていますが、たとえば職場などでも教わる機会はいくらでもあります。部下・後輩に思い切って「こういうことに疎いものだから、教えてもらえないかなあ？」と話しかけてみるのはいかがでしょう？「課長って意外に話ができるな」と思ってもらうことで、仕事や人間関係もスムーズにいくという思わぬ副産物が得られる可能性もあります。

（2）With Whom～ 誰と教わるか

① 二つの「誰と」

誰と教わるかについては、2つの観点があります。1つは、「誰と教室の門をたたくか」です。「最初に何を言えばいいのか？」「自分に場違いなところだったらどうしよう」「高額な申し込みをさせられるのではないか？」等々はじめて教室の門をたたくのは不安が付きまとうのがふつうです。それを越えるために友人・同僚など他人の力を借りようと思うのは当然です。しかし、誘われた方が全く同じモチベーションのレベルであることは多くありません。「何の興味もなかったが、友人に誘われてはじめたら、友人そっちのけではまってしまった」というようなことを聞くことがありますが、実際にはこのようなケースはそんなに多くないように思えます。また、一緒にはじめたのに、徐々に上達の度合いに差が開き始め、一方が離れてしまう。それがもとで、もともと仲良しだったのになんとなく疎遠になってしまうなどということも起こります。相手が何らかの都合で欠席するときに、お付き合いで欠席するなどということをしていては、上達はおぼつきません。

このように考えていくと、高いハードルであっても「1人で行く」ことがおすすめと言えるでしょう。実際、いろんなお稽古ごとに通じている筆者の知人に聞いたところ、上達するのは、圧倒的に「1人で通っている人」だそうです。

② クラスの雰囲気は大事

もう一つの観点として大事なのは「クラス（教室）仲間」です。同じ先生が複数のクラスを担当しているケースでも、クラスによって雰囲気が全く違うことがよくあります。良いクラスには高め合うものがあるのです。良いクラスの特徴を挙げておきましょう。

a．先生のクラス運営に自主的に協力する

「関係のない質問で授業時間を消費する」、「私語や雑音を立てる」、「TPOに合わない服装で教室に現れる」、こんなモラルの低いクラス仲間がいては、授業に集中できず、学習成果が上がらないのが目に見えています。困った生徒は、先生やクラス仲間の醸し出す雰囲気になじめず、短期間でやめてしまうケースも多いので、先生の力量とも相関があります。逆に、良いクラスでは「開始時間にREADYの体制ができている」、「指名されたら速やかに回答する」、「前回注意されたことは必ず次の授業までに修正する（少なくとも意識する）」など先生のクラス運営に協力しているものです。このように生徒がクラス運営に協力すると、先生も生徒によくしてあげようという気持ちが多く働き（返報性の法則）、好ましいサイクルが形成されます。

b．生徒同士がお互いにメリハリのある評価をする

教わる内容によっては、生徒同士がお互いの作品や意見を評価する機会があります。一般目線の評価を得られるのは、成長への良いチャンスになるのですが、クラスメイトのよしあしが成果を大きく左右します。褒めるべきところは褒める、批判すべきところは批判するという、メリハリのある評価が行われていれば、ＯＫです。一方、当たり障りのないことしか

言わなかったり、逆に罵倒や人格攻撃まがいの批評がなされているのに、先生もそれを抑えられなかったりでは、この仕組みが役に立っていないと言わざるを得ません。

クラスの雰囲気は、入ってみないとわからない面が多いのですが、体験授業や見学などが提供されている場合は多いので、ぜひこのような観点で活用し、類似のクラスが複数あるときは、面倒がらずにちゃんと見て比較することです。

ところで、クラス仲間がレッスン後に喫茶店等に集まって、情報交換を行ったり、さらに一歩進んで勉強会などが組織されることがあります。まずは参加してみることをお勧めしますが、クラス仲間の意識の度合いによっては、単なる時間つぶしになっているケースもあり、様子を見て時々参加、不参加などあなたのモードを決めていくとよいでしょう。筆者が中小企業診断士試験の勉強をしていたクラスでは、8名で勉強会をしていましたが、多くの模擬試験を分担して受験して情報を交換し合ったり、駄洒落暗記法を教え合ったりして、うち7名が一次試験に一発合格しました。当時の一次試験合格率は3割程度でしたので、明らかに勉強会の成果です。こんな勉強会なら、参加しない手はありません。

（3） How To～教わる態度

よく、「魚をもらうのではなく、釣り方を教われ」といいます。教わる場面に即して言えば、「情報をもらうのではなく、情報の集め方を教われ」ということにでもなりましょうか。一度きりの知識よりも、その背後にある一般性、再現性のある行動自身を教わることが、よほど重要ということです。そのためには教わる姿勢自身を主体性、自主性を持ったものしていかなければなりません。

「主体性を持てといっても、教わるのは受け身の行動なのだから、準備なんかしようがない」と思っていませんか？

いいえ、「何を教わりたいのか」という心構え、問題意識次第で教わる効果は大きく違います。「あまり役に立たなかった」なんて言っている人は、実は準備不足なのです。予めプログラムが決まっている場合なら、先生がどんなことを話すのか予想しておく、質問することを考えておくことなどはできますね？

質問のしかたにもコツがあります。質問したいことが、ある程度ブレイクダウンされて具体的なものになっていないと、先生が答えようがないということがあります。たとえば、「話し方教室」で「話がうまくなるには？」などという漠然とした質問をしても、先生は答えようがないと思います。こんな質問は先生にもクラス仲間にも大迷惑です。たとえば、「人前で話すこと自身は苦ではないのだけれど、あまり聴いてもらえている気がしない」と感じているのならば、「話を聴いてもらうには、どのようなことに気をつければいいですか？」というような質問にブレイクダウンすることができるでしょう。

第四章　時間とお金の問題

（１）Ｗｈｅｎ～時間の作り方

①　いつ教わるか

教わるための時間をどう作るかは、忙しいあなたにとって大きな問題でしょう。

「ちょっと落ち着いたらはじめよう」と考えられている方が多いのではないでしょうか？でもちょっと待ってください。「ちょっと落ち着いた」と言える日は何年後に来ますか？

「今の仕事に慣れたら」ですか？でも、仕事に慣れたころには、一人前として、いま以上の仕事量があなたに割り振られるのではないでしょうか？

「定年退職を迎えたら」でしょうか。少子高齢化の進展で、定年後に働かずに悠々自適で暮らせる人はごくわずかになっています。定年前後は、再就職に向けた準備などで大変忙しいはずです。このほかにも、自分の健康状態、家庭の問題、親の介護などいろんな事態が押し寄せてくるかもしれません。そう、お気づきのとおり「ちょっと落ち着いた」と言える日は永遠に来ないと考えるべきなのです。

教わること(自己啓発)に取り組めない理由のベスト3(ワースト3というべきでしょうか?)は、時間、お金、やる気といわれます。「やる気がない」と自分で言う人は滅多にいませんから、表向きは時間かお金が理由にあがってくるのがほとんどです。時間とお金は絶対的な障害になるような気がするのですが、実は逆で、何とかなるケースが多いのです。一方、「やる気」がないのに教わることは大変難しいもの。「思い立ったが吉日」といいますが、実際のところ、やる気になった(少なくとも教わる必要性を感じている)「いま」が教わるときと言って間違いないでしょう。

② なぜ時間がないのか?

「そうはいっても、実際に時間がないのだから」という方も多いと思います。ここで、私たちは、なぜ「時間がない」と思ってしまうのかを、同じ有限な資源である「お金」の使い方と対比して考えてみましょう。お金の場合、たとえば平成26年度のわが国の国家予算を例に取

図表２　平成26年度一般会計決算概要
（財務省ホームページより筆者作成）

単位:億円		予算	決算	決算/予算
歳入	税収	517,260	539,707	104%
	国債他	472,743	507,084	107%
	（計）	990,003	1,046,791	106%
歳出	社会保障関係費	305,356	301,709	99%
	文教及び科学振興費	56,417	58,659	104%
	国債費	225,096	221,856	99%
	地方交付税交付金等	170,962	170,962	100%
	防衛関係費	50,885	50,628	99%
	公共事業関係費	64,057	73,208	114%
	その他	117,230	111,112	95%
	（計）	990,003	988,134	100%

れば、総額９９・０兆円という予算に、社会保障に３０・５兆円、国債費（国債の返済と利子）に２２・５兆円、公共事業に６・４兆円、防衛に５・１兆円というように使いみちが予算化されており、決算を見ると、かなりの精度でほぼ予算通りの支出が行われたことが確認できます。（図表２）

同様にほとんどの企業には予算制度があり、それに従った統制が行われていますし、個人の家計でも厳格な予算を立てないまでも「ブランドバッグは欲しいけれど、海外旅行に行きたいから我慢する」というように、何に使うかに関して大まかな予算を立てて、それを意識した使い方をするのが普通です。欲しいものすべてを手に入れようとすると、カードホリック（クレジット依存症）のようになり、多重債務に陥ってしまうことが目に見えています。

このように、お金については国家から個人に至るまで予算という考え方が浸透しているのに、同じ有限な資源である時間については、なぜかあまり予算が意識されないようです。会社では仕事が定時間内に終わらなければ残業や

図表３　仕事のパターン分け

（パターン　②） 緊急性は高いが、 重要性は高くない仕事	（パターン　①） 緊急性、重要性とも 高い仕事
（パターン　④） 緊急性、重要性とも 高くない仕事	（パターン　③） 緊急性は高くないが、 重要性は高い仕事

↑緊急性

重要性→

休日出勤でカバーし、そのしわよせとして睡眠時間を削って慢性的な睡眠不足に陥っているというパターンも多く見られます。「時間にも予算がある」と考えることで、時間の効率的な使い方に気づき、ひいては「ないはずの」時間を捻出できるのではないでしょうか？

③　タイム・マネジメントのヒント

「ないはずの時間を捻出することなんてできるのか？」とお思いでしょうが、「定時後に楽しみにしていたコンサートがあり、どうしても残業できないと思ったら、仕事が思いのほかはかどった」という経験をお持ちではないでしょうか？これが毎日続くような工夫をすればできるわけです。興味の湧いた方は、タイム・マネジメントに関する本を参照いただければと思いますが、ここで簡単にヒントを紹介しておくと、次のようなものです。

仕事を図表３のように４パターンに分けるとします。

①緊急性、重要性とも高い仕事（例：お客様からのクレーム）
②緊急性は高いが、重要性は高くない仕事（例：今日が締切日のアンケート回答）
③緊急性は高くないが、重要性は高い仕事（例：3年後の新製品開発）
④緊急性、重要性とも高くない仕事（例：もろもろの雑用）

ふつうは、①→②→③→④の順の優先度で処理する方が多いと思うのですが、これを①→③→②→④の順に変えてみるのです。普通の優先度（①→②→③→④）では、忙しくなると④が、さらに忙しくなると③がオーバーフローとなり、手つかずのまま長期間積み残しになってしまいます。①→③→②→④の順に変えるということは、言い換えれば「③緊急性は高くないが、重要性は高い仕事」に強制的に時間予算を割り振ってしまうということです。そうすると何が起こるでしょう？②は優先度は下げられたものの緊急性が高く、積み残すわけにはいかないので、「緊急性が高くならないうちに処理してしまう」「効率化して何とか短時間で処理する」「他の人にお願いする」などの知恵が浮かんでくるようになります。このようにして、③に「教わるための時間」を割り当てることができれば、「時間がない」問題は見事解決というわけです。

隙間時間の活用も教わるための大事なノウハウです。教わった内容はノートやカードにま

図表４　投資採算計算の例（金額換算型）

単位：　万円

投資コスト		将来得られるメリット	
授業料	15	年収の増加（10万円/年×10年間）	100
時間（通学、自習含む）100時間	30		↓
交通費（500円×20回）	1	割引率	×0.75
		合格率	×0.80
投資コスト合計	46	メリットの期待値の現在価値	60

とめ、通勤電車などで読み返しましょう。最近は数千円という安価なＩＣレコーダーが簡単に手に入るので、重要なキーワード、例文などを吹き込んで、耳から吸収するというのもお勧めです。移動の多い営業マンなどは空き時間ができたら、カフェなどに入って復習するのもよいでしょう。教わってから数時間以内に復習すれば、定着率が格段に良くなるという実験結果もあります。余談ですが、マクドナルドは１００円のソフトドリンクでスペースが得られるので、復習スペースとしてコストパフォーマンスにとても優れており、筆者などは頻繁に活用しています。

（２）Ｈｏｗ Ｍｕｃｈ～費用の考え方

①　投資採算計算のすすめ

教わるための費用（コスト）は、大きな問題です。とくに家族のある方は十分に理解を得ておく必要があります。資格の試験に熱中したあまり、夫婦がすれちがいがちになり、ついに離婚になってしまったというケースも聞きます。

自分で納得して決断するためにも、家族を説得するためにも、「投資採算計算」をしてみるのがいいでしょう。「投資コスト」と「将来得られるメリットの現在価値」を比較するのです。

教わるための費用というと、教育機関に支払う入学金・授業料・教材費を考えがちですが、通学にかかる交通費、時間も費用だということを忘れないでください。

ここで、投資採算計算の例をあげておきましょう。（図表4）ある資格を取得するために、資格学校で20回の授業があり、授業料が15万円かかるとします。授業1回当たり5時間（授業2時間、通学1・5時間、復習1・5時間）かかるとします。1時間の価値をどう換算するかは考え方次第です。もっとも単純には、時給を使えばよいですが、通常は余暇時間を使うわけですから、時給の1／2～1／3にするというのもあるでしょうし、余暇時間は時給以上の価値があると考えるならば高めに設定してもいいでしょう。ここでは、仮に一時間当たり3000円とします。こうして計算した投資コストの合計は46万円となります。一方、将来得られるメリットとしては、たとえば資格が取得できた時の年収増加が考えられます。仮に、取得後10年間にわたって、年収が10万円ずつ増加することが見込まれるとしてみましょう。あと将来のメリットと現時点の投資はどちらも金額で表示されますが同じ価値ではありません。したがって、正しく比較するためには、将来のメリットを一定の割引率（discount rate）を使って現在時点まで割り戻した現在価値にしなければなりません。（本来はメリットの発生時期が

図表５　投資採算計算の例（イメージ型）

投資コスト		将来得られるメリット	
授業料	15 万円	年収が増加するかも （10 万円/年×10 年間）	100 万円
時間（通学、自習含む）	100 時間	定年後 再就職しやすくなるかも	？
交通費（500 円×20 回）	１万円	リスク	
		合格しないかも	？

遅いほど、高い割引率で割り戻さなければならないのですが、メリット自身が精度高く見積もれているわけではないので、メリットの対象期間の真ん中の年の割引率で近似計算ができます。（ここでは５％／年として、５年後と６年後の割引率の中間をとっています）また、試験に合格しなければ将来のメリットが得られないような場合は、合格率も掛け合わせなければいけません。こうしてこの例では、メリットの期待値の現在価値が６０万円となり、投資コストの４６万円を上回るので、投資価値ありとなります。なお、このケースでは含めていませんが、資格については、取得後に維持し続けるために、更新講習会の費用や協会費などがかかる場合もありますから、忘れないように計上しておきましょう。

実際には、将来の年収の増加などを正確に見積もることは難しいですから、感覚的なものにならざるを得ませんが、無理に金額に換算したり、割引率をかけたりせずに、項目だけは洩れがないように表にしてみるだけでも、見落としなく共有するために役に立ちます。そんなアバウトな例を図表５に示してみます。すべてが金額で表示されないので、投資額を低く見誤るおそれがありますが、「定年後再就職しやすくなるかも」、「合格しないかも」など金額で評価しにくい項目もいれて、イメージすることができるのはメリットです。

「教わるためにどれだけかけてもよいか？」というのに一般的な解はありません。要はこのような採算計算などをして、自分や家族が納得できればよいのです。

② 教わる費用の捻出

教わるための費用は、会社での研修などを除き、自己負担（自腹）が原則です。筆者の経験上も「身銭を切る」ほうが教わる態度に真剣味が出て、学習効果も高まります。他人に費用を負担してもらうと、教わることが義務になったような錯覚を起こし、前向きな学習意欲が阻害されることもあるのです。

しかし、教わろうとする講座などに補助金、給付金等が設定されているのであれば、そのような危険性を踏まえたうえで、活用することを考えるとよいでしょう。

現在広く使える給付金制度には、「一般教育訓練給付」、「専門実践教育訓練給付」があり、いずれも厚生労働省所管で、雇用保険から給付されます。「一般教育訓練給付」は簿記検定のように身近なものから、大学院修士課程の様に本格的なものまで幅広い指定講座があり、修了すれば、受講費用の２０％（上限１０万円）が給付されます。「専門実践教育訓練給付」は、中長期的なキャリアアップを目的に、より実務に直結しやすい技能・資格が対象になっています。看護師、法科大学院など本格的なプログラムが多く、給付額も受講費用の４０％（上限３２万円）と、ビッグになっています。いずれも受給要件等に制限がありますので、ホームページでよく確認しておくのがよいでしょう。

http://www.mhlw.go.jp/stf/seisakunitsuite/bunya/koyou_roudou/shokugyounouryoku/career_formation/kyouiku/index.html（厚生労働省ホームページ）

また、会社で社員の自己啓発を補助する制度を設けている場合があります。よくあるパターンとしては、指定の講座（主として通信教育）を修了した場合、受講料の５０％から１００％の補助金を支給するというものです。福利厚生制度のカフェテリアプランのメニューの一つになっていたり、会社そのものではなく、労働組合が補助制度を持っていたりする場合もありますので、よく調べてみるとよいでしょう。

第五章　教わったことをどのように活かすか

（１）　記憶に定着させる

運動、音楽など実技系のものを除いて、教わったことは、ノートに取るのが普通だと思います。ノートの取り方は、先生の説明を一言一句漏らさずに書き取ろうとする人、板書されたキーワードだけを取る人などさまざまで、どれがよいかは自分の体質に合ったものというしかないのですが、授業の録音が許されているのであれば（許されていない場合がほとんどだと思いますが、予備校、資格学校などでは、許していたり、授業テープを提供するところもあります）完全収録は録音に任せ、ノートには、自分なりに大事だと思ったところ（板書キーワード含む）を書きとるのが良いと思います。

とったノートは、必ずその日のうち、しかもできれば帰りの電車などを利用して少しでも時間の経過が少ないうちに復習することを心がけたいものです。

覚えたことは短期記憶脳に送り込まれるのですが、放っておくと覚えた直後から減り始め、1週間後にはほぼ忘れてしまうと言われています。しかし、その間に復習をすると、中期記憶脳に移され、さらに反復学習すると長期記憶脳に移され、定着する可能性が高まるのだそうです。これについては諸説あるのですが、少なくとも筆者の経験でも、直後に反復しておくと、よく覚えられる実感があります。

もう一つ知っておきたいのは、「教える」のは記憶定着に最高ということ。教わったばかりの内容を、あなたが先生になったつもりで他の人にぜひ教えてみましょう。

（2）　実践する

資格取得のような場合は、覚えて試験でアウトプットするだけですが、実務系（経営戦略など）や実技系は、繰り返し実践して、あまり意識しなくても自然に動けるようになって初めて習得したといえるのですから、教わったことをいかに実践するかが問題になります。ここで気をつけたいのが、「凡事徹底のパラドックス」です。カリスマ講師と呼ばれるような人が、よく「こうやりさえすれば、誰にでもできますよ。凡人の私にもできたんですから」などと言いますが、一見当たり前のことでも、本当に飽きずに長期間続けられるというだけで、もはや凡人ではありません。「本当に習得できるまでには、相当時間がかかるだろうなあ」と思っておいたほうが気が楽です。

たとえば、社会人向けＭＢＡコースを設置している神戸大学大学院では、「働きながら学ぶ」をキャッチフレーズにしていて、「教わったことを仕事で実践↓実践したことを大学院で報告↓大学院で議論したことをまた会社で実践」というサイクルを回しているそうです。このようにサイクルが回るようなスタイルを自分なりに作っていくのが習得の早道でしょう。

（3）　応用する

習得したものを完全に使いこなし、自由自在に応用できるようになれれば最高ですが、ここで参考になるのが「守破離（しゅはり）」という考え方です。最初に言い出したのは、世阿弥とも千利休ともいわれますが、茶道、武道、芸術等における師弟関係のあり方を示したものです。最初は師匠から教わった型を教わったまま愚直に「守る」。型を自分と照らし合わせて研究することにより、自分に合った、より良いと思われる型をつくることにより既存の型を「破る」。最終的には師匠の型、そして自分自身が造り出した型の上に立脚した個人は、自分自身と技についてよく理解しているため、型から自由になり、型から「離れて」自在になることができる。というわけです。実践である程度使えるようになったら、ぜひ応用段階（「破る」）に進んでみてください。この段階に進むために大切にしたいのが、「疑う」ということです。先生から教わった中で、「一応使えるようになったけれども、何か腑に落ちていない」ということがないでしょうか？「先生の解釈が偏っている」、「先生が教わった当時はよかったが、時代に合わなくなっている」などの可能性が十分あります。第一章で、「教わる以上は謙虚に」と書きましたが、それは盲目的に先生を信じるということではありません。先生はその分野の専門家ではあっても、その隣の分野まで熟知しているとは限らないのです。あなたが培ってきた常識・見識で判断しておかしいところは、よりよい形にしてみましょう。

その先の「離れる」の境地には誰でも至れるものではありませんが、あなたが新しい「本家・

師匠」になって、教えるところまでいければ最高だと思いませんか？

第二部　秋田　豊による「上手な教わり方の秘訣」

第一章　「なぜ学ぶのか？」

①　知的資産を活用してリターンを得る

上手な教わり方を学ぶ前に、まず学びから得られる効果を知ることが必要である。学習には時間とお金が掛かることが多い。それゆえに、学ぶことにそこまでの価値を感じないという人も少なくないだろう。

しかしながら、価値とは自分自身で創出していくものであり、他人からもらうものではない。価値を創出することを目的とした上で学ぶという姿勢が重要である。この章では、学びの効果を飛躍的に高めるための「考え方」を提案する。

学習で得た知識は、自身の知的資産となる。知的資産は、技術・知識・ノウハウ・人脈等の目には見えない無形の資産である。通常、店舗や商品・お金等の資産は、活用することで収益を生み出すことができる。知的資産も同じである。習得した知的資産を活用することで、学習への投資効果を高めることができるのである。

私は学生時代、書籍や雑誌の編集者を目指していた。デザインやライティング・写真撮影等の様々な勉強会に参加し、授業料を支払った。ある日、そんな私の活動を知った学生起業家の友人に、「フリーマガジンの制作事業の編集長をやって欲しい」という誘いを受けた。私は、これまで自分が培ってきたデザインやライティングの知識・スキル等の知的資産を活用する良いチャンスだと思い、その会社でしばらく編集業務に携わり、しっかりとした報酬もいただくことができた。

その後、家業の新聞販売業の後継者として働くことになった。その会社で私は、これまで培ってきたデザインやライティング・写真撮影等のスキルやノウハウを活用し、新聞折込チラシ等販促物の制作・印刷事業に参入した。五年間で一五〇社以上の企業から受注を得ることができ、会社の収益増に貢献してきた。

販促物制作や販売促進支援の仕事をしているうちに、より総合的に企業の経営を支援したいと思うようになり、経営コンサルタントの認定国家資格である中小企業診断士の資格を取得した。これには、相当の時間とお金を費やした。

しかしながら、販促物制作・販売促進支援の経験と実績、中小企業診断士というブランドを存分に活用し、現在では様々な企業の経営支援に取り組み、収入を得ている。勉強に費やした投資額は、十二分に回収することができている。また、お金には替えられない貴重な経験や出会いの機会を得ることもできた。

私の知り合いである酒屋の店長も、長年マーケティングの研究会に参加し続けている。毎月お金と時間を投資し、勉強を続けている。その成果は、彼の行動をみれば明らかである。店内には、手書きによるインパクト抜群のＰＯＰが並び、酒に関する本をゆっくりと読めるスペース等も設けられている。この酒屋でしか買えない独自の酒も並ぶ。店のブログやＳＮＳの閲覧者数は異常なほど多い。彼がＳＮＳ等で投稿する写真は、閲覧者から非常に好評を集めており、先日写真集も発行している。マーケティングのプロとして各雑誌にも取り上げられ始めている。人脈も広い。彼もまた、知的資産を得るためにお金と時間を投資し、習得した知的資産を活用して大きなリターンを生み出している。

「何かを教わり、得た知識・知的資産を最大限に活用することで、大きな投資効果を生み出していく。」その考え方を前提にもつことが、何かを学ぶ、教わるうえで、大切になるのである。

② 人生を好転させるきっかけを得る

お金や時間を投資し学ぶことで得られるものは、知識やスキルだけではない。何かを学ぶことで、思考や価値観が変わることもある。思考や価値観が変わるということは、心が変わるということである。ヒンズー教の教えであり、元プロ野球選手の松井秀喜氏や野村克也氏等も座右の名にしていた有名な言葉がある。

「心が変われば態度が変わる。態度が変われば行動が変わる。行動が変われば習慣が変わる。

習慣が変われば人格が変わる。人格が変われば運命が変わる。運命が変われば人生が変わる。」

私もこの言葉を胸に刻み、日々を過ごしている。いつも通りの仕事、いつも通りの人付き合いの中で、急に思考や価値観が変わるということは稀である。自分とは異なる境遇や環境にいる人から何かを学ぶことで、思考や価値観が一変することがある。様々な人の講演会や勉強会に参加し学ぶということは、思考や価値観が変わるきっかけにもなるのだ。

私は以前、ある講演会に参加した時、「ありがとうの反対語はあたりまえ」といわれ、はっとしたことがある。私は、両親と共に家業を営んでいるが、「両親に頼まれて仕方なく働いている。給料をもらうのは当たり前。」「従業員には給料を払っているのだから会社のために働くのは当たり前。」「お客様には商品を届けているのだから料金をいただくのは当たり前。」そんなふうに思っていた。

私はその講演会に参加し聞いた言葉で、思考や価値観が一変した。私の給料は、両親と従業員が長年汗を流し働きつづけ、その働きを評価してくれるお客様がいるからこそ、受け取ることができるものである。両親と従業員、そしてお客様のお陰で、私は大学まで進学でき、健康的で安定した人生を送ることができた。それは、当たり前なことでは決してない。感謝してもしつくせないほど、ありがたいことなのである。

そのことに気づき、思考や価値観が一変したことで、私の両親や従業員・お客様に対する態度は変わった。感謝の気持ちを込め、常に優しい表情・優しい言葉で向き合うことを習慣にした。以前は、割と短気な性格で両親や従業員とも衝突することが多かったが、穏やかな性格になった。「優しい」「何でも相談しやすい」と従業員等周りの人から慕われることも多くなった。以前に比べ、私に対し積極的に協力してくれる従業員も増えた。それによって大きな成果が出るようにもなってきている。私の人生は好転した。

講演会に参加して聞いたたったひと言で、私の心が変わり、態度が変わり、行動が変わり、習慣が変わり、人格が変わり、運命が変わり、人生が変わった。何かを学ぶということは、自分の心を変え、人生を好転させるきっかけにもなるのである。

学びの場に参加した際には、学んだ知識を今日からどう活用するのか、今日から自分はどういう人間に生まれ変わるのか、そういった点を強く意識することが、学びの価値を高める上で重要である。

第二章　「なぜ教わるのか?」

①　学びへの投資時間を節約する

人から何かを教わるということは、自分自身で学ぶことにより掛かる時間を節約することにつながる。

例えば、私は学生時代、デザインの勉強を自分一人で行っていた時期があった。色んな本を買い漁ったりDTPソフトをいじったりしてみたが、何から始めてどういう手順でスキルを高めていけば良いのかもわからず、ただがむしゃらに勉強をしていたため、多くの時間を費やした。ある日ふとしたきっかけでデザインセミナーに参加した際、講師の人からデザインのプロになるまでの道筋を示していただいた。それにより、スキルを高める手順が明確になり、その後の勉強の効率が一気に向上した。最初からそのセミナーに参加していれば、ムダに勉強時間を費やす必要はなかったと後悔した。

その反省点も踏まえて、私は中小企業診断士の試験勉強の際、最初から受験予備校に通学した。受験予備校に通えば、独学よりもお金は掛かる。しかしながら、勉強に掛かる時間は節約できる。特に、何かの試験勉強をする際には、まず過去問から傾向を分析し、主要出題論点を抑えた上で勉強しなければ、非効率になり勉強時間が延びる。受験予備校に通えば、この過去問分析や主要出題論点の研究は、受験予備校の方で時間を掛けてやってくれているため、生徒はその分析結果をもとに、抑えるべき論点を教わった通りに習得していけばよい。お金は掛かるが、勉強に費やす時間は大幅に節約できる。これが、人から何かを教わることの第一の価値「学びへの投資時間を節約する」ということである。

数年前、ある講演会に参加した際、「命とは時間のことである」という言葉を聞いた。全くその通りである。人には皆、寿命がある。今私がこの本を書いている間、もしくはあなたがこの本を読んでいる間にも、常に時は流れ、刻一刻と死に近づいている。人は皆、命を削り、何かをする時間に投資をしているのである。時間の価値とはそれほどに高い。ゆえに、教わることにより自分一人で学ぶ時間を節約できる価値は非常に高いのである。

同時に、教えてくれる人に対する感謝の気持ちを強く持たなければならない。セミナー講師等にお金を払うのはもったいないと言う人がたまにいるが、その分野の学習に時間を投資し命を削り習得した知識やノウハウを公開してもらえるということは、非常にありがたいことである。むしろ、そのような貴重な機会を数千円のために逃してしまうことの方が、よほどもったいない。時間の大切さ・重みを理解していない人が非常に多いように思う。かくいう私も、その講演会に参加するまでは、あまり強くは意識していなかった。そういった意味でも、教わることは非常に大切なのである。

第一章で、学んだことを活かせば大きなリターンを得られたり、価値観が変わることで人生を好転させるきっかけになったりもする、という趣旨の話をした。ここでは、一つの分野の学習に時間を投資してきた人からその分野について教わることにより、自分一人で学ぶ時間を節約できるという話をした。さらに、学ぶ時間を節約できれば、習得した知的資産を活用する時間により多くの投資をすることが可能になる。それにより、より大きなリターンを得られる可能性も高まるのである。

② 優秀な人を模倣する

教わることで、その人のもつ知識やノウハウを得るということや学びの時間を節約するということも重要であるが、その人自身を模倣してしまうという方法もある。それほど素晴らしい人に出会えることは少ないかもしれないが、人から教わる機会を多くもてば、そういったチャンスも拡がる。

ここで、模倣の効果というものを挙げてみる。例えば私は、チラシや名刺等のデザインをする際に、日々ストックしてある気に入ったチラシや名刺等を参考にしている。それにより、制作内容について考えたり悩んだりする時間を節約できている。また、良いデザインを真似することで、デザインの幅が拡がるという効果も体感している。さらに、自分一人のセンスではないため、成果物に自信を持つこともできる。

違う視点から、私には中小企業診断士として尊敬している先生がいる。実は、私はその先生の考え方、やり方をほぼ模倣している。中小企業診断士になったばかりの頃は、自分は今後どうしていくべきか、自分の経営支援のやり方は正しいのかどうか、日々頭を悩ませていた。また、独自の得意分野で攻めるしか道はないと思い込み、これまでの延長線上のことしかやってはいなかった。そんな時、その先生に出会い「この人みたいになりたい」と強く感じたことで、知らず知らずのうちにその先生を模倣するようになっていた。それにより、考えたり悩んだりする時間が減り、その人を模倣しつつも実践的な活動をする機会が増え、その結果、中小企業診断士としての知識やスキルの幅も拡がった。尊敬する先生の考え方、やり方であるため、経営支援に対して自信を持って挑むことができるようにもなった。

このように、人を模倣することの効果として、考えたり悩んだりする時間を節約できることや知識やスキルの幅が拡がること、自分のやることに自信をもつことができること、等があげられる。

もしも今、仕事や家庭のことで悩んでいることがあったり、毎日同じことの繰り返しになっていたり、自分のやることに自信をもてなかったりすることがあれば、模倣できる先生を見つけだすことに力を入れてみてはいかがだろうか。きっとそれらの問題は、尊敬する人を必死に模倣することで、解決につながるはずである。

ただし、模倣というのは、すぐにできるわけではない。その人の発言や行動を常に見続けることで、その人の考え方から話し方、仕事の進め方など、細部に渡り吸収することが可能になる。また、ここで重要なことが、本題である「上手な教わり方の秘訣」を知ることでもある。見ているだけではなく、その人に積極的に仕事のやり方や考え方を教えてもらえる関係づくりが必要なのである。そのテクニックについては、第三章にてお伝えする。まずは、前提となる何かを学ぶ・教わることの価値について、新たな発想や考え方を提供することで、本題から学び・教わることの価値を高めていただきたい。この本の内容を通じ、読者に最高の学びの場を提供したいと考えているのである。

③　最高の人的ネットワークを形成する

人からものを教わる場に参加することは、人的ネットワークの形成にもつながる。経営の現場では、アウトソーシングが活発になっているが、これはつまり、自分たちにできないことは、できる人たちにやってもらった方が早い、という考え方である。自分とは異なる得意分野を持つ方々との人的ネットワークを形成することで、自分が学ぶ分野を制限でき、学びへの投資をさらに節約することも可能になる。また、人的ネットワークそのものがその人の価値やリターン向上にもつながる。

例えば、私は学生時代にデザイン等に関する勉強会を通じて知り合った一人の友人と今でも交流を続けている。私はどちらかというと紙媒体のデザインが得意だが、その友人はウェブデザインが得意である。だから、販促支援の仕事や中小企業診断士の仕事の際に、私の苦手なウェブデザインの相談を依頼された場合には、まずはその友人に相談したり、場合によっては紹介したりしている。優秀な経営者と取引する場合、そういった人的ネットワークの質の高さも自身の評価につながる。さらに、その友人が苦手な分野のデザインの依頼であれば、今度は逆に私を紹介してくれる。自分がウェブデザインの知識やスキルを習得する時間を費やさなくても、その友人との人的ネットワークで十分な価値を生み出せるのである。

また、私は中小企業診断士の勉強会にも活発に参加している。先ほどの尊敬する先生と出会ったのもそういった勉強会の場である。似たような志を持つ方々と共に学び教わる場を持つということは、一生涯付き合える人的ネットワークを築くきっかけになる。今では、多くの方との人的ネットワークを形成し、この経営支援の仕事はこの人に、という流れもできてきている。当然、逆のケースで自分が仕事を紹介されることもある。

しかしながら、勉強会に参加しても、飲み仲間を見つけることぐらいの価値しか創出できない人もいる。その違いは、根本的な考え方や意識の差である。勉強会や講演会等に参加した際、「人的ネットワークを形成して今後の人生に役立てる」そういった一つの目的意識をもって臨んでいる人がどれだけいるであろうか。繰り返しになるが、教わったことの価値は自分で創出していかなければならない。何の目的意識もなくただ参加しているだけでは、時間のムダ使いであり、命のムダ使いである。

さて、本題の「上手な教わり方の秘訣」に入る前に、これまでの話を整理しておく。まず、学んだ知識・知的資産を活用することでリターンを生み出すという意識をもつこと、それから、知識・知的資産を得ることだけでなく、価値観や考え方を変えるきっかけを得るという意識をもつこと、人から教わることにより自分一人で学ぶ時間を節約するという意識をもつこと、優秀な人に出会い模倣する機会を得るという意識をもつこと、最高の人的ネットワークを形成する機会を得るという意識をもつこと、以上の点について、再度理解をされた上で、「上手な教わり方の秘訣」について、しっかりとした目的意識をもって読み進めていただきたい。

第三章 「上手な教わり方の秘訣」

① 教える人の気持ちになる

上手に教わるためには、教える人に、この人に教えたいと思わせるテクニックが必要である。そのためには、教える人の立場、気持ちになって考えなければならない。もしもあなたが人にものを教える立場であったのなら、教える相手がどういう人なら、どういう対応をしてくれたら、教える方として気持ちが良いか、教えやすいか、その前提から自分自身でも考えてみることが重要である。私から提示できる秘訣は三つある。

一つ目は、聞き上手になるということである。教える人に、この人は私の話を一生懸命に聞いてくれていると思わせることである。教える方も人間であり心がある。自分の話をしっかりと聞いてくれない人には、一生懸命教えたいという感情がでてこない。まずは教えたいという感情に火をつけることが重要である。教える人が感情的な人間ではなく論理性の強い人間であり、お金をもらっているのだからいちいちそんなことで不快には思わない、という人もいるだろう。ただし、論理性の強い人の場合には、話を聞いていない人間に何を教えても意味がないと論理的に判断をされてしまうこともあるだろう。私の知り合いの講師はそのタイプであり、お金をもらっていれば話を聞いていなくてもさほど気にはならないが、一生懸命話を聞いてくれる人には、今後自分の価値を高めてくれる可能性があるので、特別丁寧な指導をする、と話している。聞き上手は教わり上手の基本である。聞き上手になる秘訣については、後述する。

二つ目は、話し上手になるということである。教える人の気持ちなった時に、何の質問もない、何の返答もないと、これもまた不愉快な気分になる。私も中小企業診断士としてセミナー講師をする機会があるが、私の振った話にしっかりと反応して言葉で返してもらえると、非常に快い気分になる。質問をいただけると尚更である。ただし、質問の意図がよくわからなかったり、話を聞いていなかったのがあからさまに分かる返答をしたり、無愛想な対応をされたりすることもある。私も論理的な人間なのでいちいち腹を立てたりはしないが、こういう人はコミュニケーション能力が低いと判断せざるを得なくなる。そうすると、この人とは今日限りの付き合いだな、と思ってしまう。言葉とは相手の行動を良い方にも悪い方にも導いてしまう。人を惹きつける話術についても、後ほど詳しく説明する。

三つ目は、最高の教え子になる、ということである。人にものを教える人には、たくさんの教え子がいる場合が多い。その中で、特に自分に対して一生懸命教えてくれるような関係作りを目指し、学びの質・量共に高めるという姿勢が重要である。自分にたくさんの教え子がいることを想像してみよう。いつも自分の話をしっかりと聞いてくれる、いつも期待通りの返答や具体的で的を得た質問をしてくれる、それ以外に、どんなポイントが重要になるだろうか。それは、教えるメリットをもたらしてくれる教え子になるということである。先生をするような優秀な人間というのは、比較的戦略的に物事を考えて行動している。この教え子にしっかりと指導すれば、この教え子と付き合えば、自分に大きなリターンが返ってくる、そんなふうに思ってもらうことができれば、しめたものである。

② 聞き上手の秘訣

ここで、聞き上手の秘訣について、聞き上手の具体的キーワードを六つ紹介する。キーワードは、「アイコンタクト」「あいづち」「合いの手」「感情の変化」「メモ」「質問」の六つである。

アイコンタクトを取るというのは、いわゆる相手の目を見て話を聞く、ということである。実は人前で話をする職業の方は、生徒一人一人と目を合わせながら話をすることで、「あなたに話をしていますよ」と感じてもらうことを常に意識している人が多い。ということは、教わる側も視線を返してあげる、という姿勢が教える側がリズムよく話を進めていく上で重要になる。私も講師をする際、視線をしっかりと返してくれる人がいると非常に気分良く話ができる。気がつくと、無意識にその人にばかり話を振ってしまう。

アイコンタクトを取るだけではまだ十分ではない。話の内容に合わせて「あいづち」を打つと、より教える側が気分良く話をすることができる。視線を送るだけでは、自分の話をしっかりと理解しているのかどうか、不安に思ってしまう。「あいづち」があると、しっかりと理解してくれたのだな、と安心することができる。ただし、あまりにも「あいづち」が多すぎたりオーバーアクションだったりすると、教える側のリズムが狂ってしまう。教える側の話の内容に応じて、小さな「あいづち」と大きな「あいづち」を上手く使い分けることが重要である。大きな「あいづち」により、教える側に「今の内容は特によく伝わりました。」と反応を示してあげることで、より良い気分になってもらうことが重要なポイントである。

大きな「あいづち」と効果は近いが、「合いの手」も重要なテクニックである。教える側の話に合わせて「うん」「なるほど」「すばらしいですね」と声を出して反応してあげるということである。こちらもあまり大きな声で連発すると教える側のリズムが狂うので、「アイコンタクト」「あいづち」と合わせて小声でささやくように言う、というのがポイントである。この三つのテクニックだけでも、教える側の心をかなりの確率でつかむことができる。

続いて、教える側の話の内容に合わせて「感情の変化」を表現するということも重要である。実は人前で話をする人は、生徒の感情を動かす話を盛り込むことも意識している。具体的にいうと、笑いを取ったり、感動させたり、一緒に同じ怒りを共感してもらったり、という話である。教える側が笑いを取ろうとした時には、それをいち早く察知し大きな声で笑ってあげる、感動させようとした時には、涙で目を滲ませるくらいの表情をする、そういった対応をすることで、さらに教える側の気分はよくなる。教える側は、笑いを取ろうとして取れなかったりすると、動揺をしてしまう場合が多い。あなただけがいち早くそこに反応できれば、教える側の動揺を回避でき、全体の空気を和ますことにもつながる。教える側はあなたに最高の好感を示すだろう。

「メモ」の取り方でも、教える側に好感を示すことができる。ただし、メモを取りすぎると、下を向いた状態が続き、今度は「アイコンタクト」や「あいづち」「合いの手」等がしにくくなるし、「感情の変化」も表現しにくくなる。私の経験からいうと、どちらかというと、ずっと下を向いたままの状態でメモを取っている人よりも、こちらを向いて色々な反応を示してくれる人の方が、より話をしやすい。そこで、重要だと思ったことだけをキーワードで端的にメモをするテクニックを身につけることが求められる。基本は顔を上げてしっかりとアイコンタクト等反応を示しながら、重要だと思ったことだけ一瞬下を向いてメモをする、これができると、教える側の好感はさらに高まる。私の知り合いの講師も、メモの取り方が上手い人は、飲み込みが早いので、教え甲斐がある、と話していた。メモの取り方でも、教える側を惹きつけることが可能になるのである。

それから、後述する話し上手のポイントでまた詳しく説明をするが、「質問」をするというのは非常に重要である。私も自分の講義の際、質問をしてくれる方がいると、この人は私自身や私の話に関心を示してくれている、と感じ、非常に好感をもつ。また、そこで直接話をすることで、その後も個人的に連絡を取り合うケースもある。よく、特に分からないことはないから質問はしない、という人がいるが、そもそも、分からないから質問をするという考え方から改めた方が良いのかもしれない。質問は、教える側との関係を深めるために必要なテクニックなのである。ただし、直接会話をしてしまうことで、教える側にマイナスのイメージを与えてしまうこともある。言葉の使い方一つで、良い方にも悪い方にも導いてしまう。だから、言葉の使い方が上手になる、話し上手になるためのテクニックを身につけるということは、非常に重要なのである。

ここまで話をしてきた通り、今後ぜひ講演会や勉強会等に参加される際には、また、人から何かを教わる際には、「アイコンタクト」「あいづち」「合いの手」「感情の変化」「メモ」「質問」の六つを意識的に行い、教える側にとって特別な存在になり、将来役に立つ深い関係を築けるよう努めていただきたい。

③　話し上手の秘訣

先ほどの質問の話に少し戻るが、あまり好ましくない質問とはどういう内容のものか、考えてみたい。質問とは通常、例えば講演会等では、最後にその機会が与えられるケースが多い。よくあるのが、本当にしっかりと話を聞いていたのか、と感じてしまう質問をするケースである。講義の中で先生がしっかりと説明をしていたにも関わらず、また同じような内容の説明をさせる人がよくいる。これでは、教える側から好感を得ることはできない。聞く力と話す力というのは連動しており、まずはしっかりと話を聞いて内容を理解できる聞き上手でなければ、話し上手になることはなかなか難しい。

まずは聞き上手になることが重要であるということを踏まえた上で、話し上手の秘訣についてポイントをお伝えする。ポイントは、「繰り返し話法」「要約話法」「例えば話法」「自己ＰＲ話法」である。

「繰り返し話法」とは、例えば先程の質問の例でいえば、まずは教える側の言っていたことを繰り返してから話を始めるということである。「先ほど先生は、経営で重要なのは人を育てることとおっしゃっておりましたが、自分の会社の従業員にはそもそも成長意欲がありません。何か良い解決方法はありませんか？」と言った形で、まずは教える側の発言を繰り返してあげる。それにより、教える側は、この人は自分の話をしっかりと聞いてくれていると好感を抱く。この「繰り返し話法」は、幼児教育にも重要であると言われている。子供の言ったことを繰り返してから話をしてあげることで、自分の話をしっかりと聞いてくれていると感じる。それにより、親子の信頼関係が深まる。「繰り返し話法」は、人との信頼関係を高める上で、非常に重要なスキルなのである。

「要約話法」とは、話を短くまとめるスキルのことである。話が長い人は、人から好かれない。質問をする時でも、話が長いと、教える側に負担を掛ける。不快な思いをさせてしまうかもしれない。相手にとって重要性の低い情報は極力カットするという意識が重要である。もちろん、話していること自体は全て重要なことなのかもしれない。しかしながら、聞く気をなくされてしまっては、全ての情報が相手に伝わらなくなってしまう。要約話法を身につけるコツとしては、例えば新聞を読んだ時に、一つの記事について、十五秒で人に伝えてみる。そうすると、最も重要な点に絞り、話をしようとするはずである。最初は上手くできなくてもいい。練習を重ねれば、自然と要約話法が身についてくる。

「例えば話法」とは、相手にわかりやすく話を伝えるために必要なスキルである。先程の質問の例でいえば、「私の会社の従業員には成長意欲がない。例えば、商談に行く前に上司にアドバイスを求めたり、商談に失敗してもなぜ失敗したのか考えたりすることがない。」といったように、具体例を挙げながら話す。それにより、相手にとって具体的な話のイメージが明確になる。比喩というのも、活用できる。「例えば、プロのスポーツ選手であれば、日々練習を積み成長していかなければ、すぐに活躍できなくなる。給料ももらえなくなる。そういった危機感がウチの社員には全くない。」といったような形でより身近なことに話を置き換えてあげる。「例えば話法」が身につけば、自分の話を人に分かりやすく伝えることができる。わかりやすい話ができる人は、誰からも好かれる。人から教わる上でも、教える側に好印象をもたれることができる。

最後は「自己PR話法」である。教える側への質問の際に具体的なアドバイスを求める場合、教える側にアドバイスをしやすいように配慮してあげなければならない。例えば、自分が人に何かをアドバイスする場合、相手のことが分からない状態で、的確なアドバイスができるだろうか。アドバイスを求める上で重要なことは、まずは自分のことを知ってもらうということである。だから、教える側にアドバイスを求める場合には、その前にまず自分のことを簡単にわかりやすく伝えることが必要である。また、その際に自分の経歴やスキルを端的に自己PRできると、教える側に特別な関心をもってもらいやすい。同じ立場の受講生にも関心をもたれ、人的ネットワークの形成にもつながる。

総じて、人生において、自分のことを紹介しなければならないシーンというのは、非常に多い。自己紹介で重要なポイントは、自身の強みを伝えるということである。例えば私の場合、自己紹介をする際、中小企業診断士である点、販促物制作の経験が豊富な点、新聞販売店の役員である点、商工会の役職に就いている点、この四つは必ずどんな場面の自己紹介でも盛り込むよう意識をしている。もちろん、自己紹介は端的に要約するよう努めたり、話す相手や場面に応じ、特に強調してPRするポイントを変えたりもしている。そのための練習も昔はよくしていた。話し下手な人は、自己紹介の構成を考え、一人黙々と練習をする機会を設けてみるとよい。話す相手や場面に応じ、様々な自己紹介のパターンを想定しておくと尚良い。人生において自己紹介をするシーンというのは頻繁にあるし、求められていなくても自己紹介を挟めるチャンスというのは必ずあるので、練習が無駄になることは決してない。自身の強みを伝えるんだ、という強い意識をもって自己紹介にあたっていただきたい。あなたの強みに、講師や受講生が喰いついてくれれば、しめたものである。

私にはPRできるような強みがない、という人もいるかもしれないが、それは違う。強みに魅せる話術がないだけである。どんな経験や実績でも、強みに魅せることはできる。例え現在無職であっても、パソコンのスキルがあればそれを強みに魅せることはできるかもしれないし、現在ではなく過去の経験を強みに魅せることもできるかもしれない。話し上手になることで、些細な経験や実績でも、強みとして輝かせることが必ずできる。逆に、ごく普通の経験や実績を強みに魅せるような自己紹介の練習をしてみるのも有効かもしれない。話し上手な方に共通している点は、自己紹介が上手い。講演であれば、最初の自己紹介だけで受講者の心を掴むことができる。話し上手になるために、今日から強みを伝える自己紹介の練習をぜひともしていただきたい。

④ 最高の教え子になる

最後に、最高の教え子になるための秘訣であるが、これはここまでの全ての論点の総まとめとなる。通常、人にものを教えるような立場の人には、たくさんの教え子がいる。勉強会等に参加すれば、それこそその場に多くのライバルがいる。その中で最高の教え子として頭一つ抜け出すことが重要である。

まず、学ぶことの価値をしっかりと認識しており、学ぶことから人生における大きなリターンを得るという目的意識をもつ。そうすると、学びへの貪欲な姿勢が自然と表にでる。それにより、教える側から意欲的に学ぶ姿勢を評価してもらえる。この人なら自分の指導したことをしっかりと身につけ実践してくれると信じてもらうことができる。一つポイントとして付け加えると、先生に言われたことをさっそく実践してみたということを、直接伝えることも重要である。人から模倣されるということは、基本的には誰でも嬉しく思うものである。

続いて、教わることの価値をしっかりと認識しており、人が時間を掛けて命を削って習得した知識やスキルを共有してもらえることへの感謝の気持ちを強くもつということである。貪欲に学ぶ姿勢だけでは、人の心を惹きつける上で十分ではないかもしれない。教える側の全ての発言に感謝の気持ちを表し、ありがとうございますと言葉でしっかりと伝えることで、人間性への評価も高まる。教える側の感情を大きく揺さぶり、自分に惹きつけることができる。また、教わる中で先生・生徒と人的ネットワークを築くという目的意識をしっかりともつことで、先生・生徒からこの人とは末永く付き合っていきたい、と思わせることも重要である。

それから、教える人の気持ち・立場になり、どのような対応をしてもらったら良い印象を受けるのか、ということを考えることも大切である。教える人によって、多少考え方や人間性に差がある。教える人のことをよく観察することで、どういうふうにされると喜ぶ人なのかということを知る努力も必要である。

どんな人にも共通していえることは、しっかりと自分の話を聞いてくれる人には良い印象を受けるということである。「アイコンタクト」「あいづち」「合いの手」「感情の変化」「メモ」「質問」この六つのテクニックを存分に発揮し、教える側から好印象を感じてもらい、教え子として頭一つ抜きんでた存在となってもらいたい。

それから、「先生の話をしっかりと聞いていますよ」とアピールするための話術や自分の強みを伝える話術を磨くということも重要である。教える側によっては、多少鈍感なタイプの人もいるかもしれない。しっかりと聞く姿勢や学ぶ姿勢、感謝の気持ちを表しただけでは響かない先生もいるかもしれない。そういった場合には、一生懸命あなたの話を聞いていますということを直接伝えるための話術や、端的にわかりやすく話を伝える話術、自分の強みが先生の役に立つということを伝えるための話術も必要となる。ぜひ、「繰り返し話法」「要約話法」「例えば話法」「自己ＰＲ話法」等を存分に活用し、教える側からの好感度を高めていただきたい。

これらのことを全て実践した上で、最高の教え子になってもらいたい。最高の教え子となることで、人生を好転させるきっかけを掴んでもらいたい。人生の幸福を掴むチャンスは、きっと上手な教わり方の秘訣を実践することで、拡がってくると強く思う。

第四章　「実践しなければ価値は生まれない」

①　価値を生み出すのは自分の行動のみ

実は先ほど少し触れたが、私は地元商工会の副部長も担当している。また、県の商工会連合会の理事も務めている。地元の多くの商工業者とお付き合いをする中で、よく訴えかけられる言葉がある。「商工会の活動に何のメリットがあるの？」という痛切な批判である。私はその時に、「メリットを引き出すのはあなた自身です」と答えるようにしている。

例えば、商工会に所属する飲食店の場合、商工会の仲間を自分の店に集めることができている人と、全くそういった効果を引き出せていない人がいる。その違いは、商工会の中で会員に向けて営業努力をしているかいないかの差である。どんな場所にいても、自分自身がその中で努力しなければ、メリットや価値を創出していくことはできないのである。

私の場合でも、例えば商工会関係の人のチラシは基本私の会社で制作から配布まで対応している。商工会連合会の遠方の仲間から名刺やチラシのデザインを依頼されることもある。また、商工会の活動の中で中小企業診断士と出会い、この人みたいになりたいと思い、自分自身も中小企業診断士となることができた。商工会の活動で培った人脈を活かし、中小企業診断士としての業務の機会を得ることもできた。全て、自分の行動により生み出した価値である。

価値を生み出すためには、行動をしなければならない。この本を読んだのであれば、書いてあることを全て行動に移し実践するくらいの気持ちがなければならない。そうしなければ、この本を読んだことに対する目に見えるリターンは何も生まれない。この本を読むのに掛けた時間、削った命がもったいない。

②　最後に「上手な教わり方の秘訣を実践しよう」

既に述べた様に、価値とは行動をすることで始めて生み出すことができる。会社にいる尊敬する上司、講演会や勉強会、学校での授業、両親など、何かを学ぶ機会があれば、ぜひ今日からこの上手な教わり方の秘訣を実践してもらいたい。実践を通じて、学ぶことや教わることの効果を最大限に高め、最高の人的ネットワークを形成し、培った知的資産や人的ネットワークを大いに活用することで、人生における大きなリターン・価値を生み出していただきたい。

目的意識をしっかりともつと、不思議と人はそこに向かい行動を始める。優秀な経営者や中小企業診断士と話をすると、目標を紙に書くと必ずそれが達成されると言う人が多い。自分自身にマインドコントロールを掛かけているのだと私は思う。あなたも、学びや教わることへの目的意識をしっかりともち、自分自身にマインドコントロールを掛け、人生の幸福へと突き進んでいっていただければと思う。

本書を通じ、あなたの人生の幸福に少しでも貢献できたのであれば幸いに思う。しかし、それはあなたの今日からの行動次第で変わる。むしろ、本書を通じ、あなたが一つでもこの本の内容について行動に移せたのであれば、それこそが最も光栄なことである。あなたの人生のよりよい幸福をお祈りし、本稿を締めさせていただく。

第三部　佐々木 幸治による「上手な教わり方の秘訣」

第一章　「教わり方の基本として受動的な考えで臨んで良いのか」

①　自分で教わるテーマを見つけて学び続ける時代

現在はとにかく変化が激しい時代です。昨日まで通用していた技術やノウハウが、今日になったら通用しなくなった、ということがよくあります。以前ですと、「仕事は先輩のやっているところを見て覚えろ」というやり方が一般的だったでしょう。しかし現在では、「苦労して見て覚えたばかりの技術は、すでに何世代も前のものになっていた」という、笑えないような話が現実に存在します。

また、いろいろな事情（リストラなど）により、50～60歳代で新しい挑戦をしなければいけないことも出てきます。そんな境遇になってもいかに戦い、いかに生きるか、これが人生において重要になってきます。

このような変化するビジネス環境に対応するためには、自らテーマを見つけて学び続ける必要があります。決して、「受動的に教わる」考え方ではいけません。

「それでは、どのようにして教わるテーマを見つけるのか？」という疑問が出てくると思います。

テーマを見つけるには、①自分の勤めている、あるいは志望する業界の業界紙などを読み、業界の動向をチェックすることです。②ビジネスや経済に関する新聞やテレビに接することです。③時間があれば業界に関する展示会などに行って、最新の技術や業界情報をキャッチすることです。④お客様が自分に何を望んでいるかも正確に把握する必要もあります。この4つを継続して行うことで、今の自分がしている仕事や会社の事業の課題がある程度浮き彫りになってきます。その上で、学ぶテーマを自ら決定するということになります。

実際に学び始める際は、自分で学費を捻出するのが基本となります。そうすることで、学費のもとをとろうと本気で勉強することになります。

また、会社の業務の枠を超えた範囲の勉強をした場合は、どの会社に行っても通用する優秀な人材になるチャンスも増えると考えられます。

結論としては、現在では決められたレールの上を歩いていれば良かった時代はすでに終わっており、年齢がいくつになっても常に積極的に教わる姿勢が必要ということです。

②「積極的な教わり方」とは、教える人の言うことを鵜呑みにしないこと

上手な教わり方は、まず相手の言うことを全て聞き入れることが重要です。その道の先輩である教える人からの言葉は、その人の経験に裏打ちされたものであるため、教わる人を正しい

方向に導いてくれるでしょう。

しかし、その後で「本当にそうだろうか？」と考えることがもっと重要になります。教える人であっても完璧に物事ができるかというとそうではない場合がありますし、もしかしたら自分に合ったやり方ではない場合も考えられるからです。考えることで、もっと良い方法が思い浮かぶこともあります。もちろん、このように考えることができるようになれるのは、基本がある程度固まった後の段階になります。

皆さんは、自動車の免許を取りたての時に、同乗者からあれこれとアドバイスを受けたことはありませんか。例えば右折するときに、「今のタイミングだったら行けた」と怒られたことはありませんか。

この場合、同乗者の運転技術でしたら、行くことはできたかもしれません。しかし、自分が絶対に行けるという自信がなければ、行かないほうが事故を防ぐ上で正しい行動であるということができます。逆に同乗者のアドバイスに従い無理に右折したら、事故を起こしていたかもしれません。つまり、この例ではアドバイスに対して、「本当にそうだろうか？」と考え、行動することが非常に重要になるということです。事故を起こしたら責任は全て運転者になるのですから。

このように、進歩するためには教える人の言うことを「いったん受け入れてその後考え、自分で導き出した答えを試してさらに検証する」のプロセスの繰り返しが非常に重要なのです。

第二章　教え方の上手な人の見つけ方

①　教え方の上手な人は言動で見きわめられる

教え方の上手な人かそうでないかは、その人の発する言葉で判断できる、という信念を私は持っています。

教え方の上手な人は、常に肯定的な言葉を使っていると思います。例えば、

・「君ならできる」
・（問題点を指摘した後や、壁に突き当たっている人に対して）「〇〇すれば絶対できる」
・「もし成功したら、〇〇億円の利益が得られる。お前のボーナスもアップするぞ」

というような言葉です。

一方、教え方の下手な人は、常に否定的な言葉を使います。例えば、

・「お前にはできるわけがない」
・（壁に突き当たっている人に対して）「やる気がない」
・（問題点を指摘した後）お前は〇〇だからダメだ（人格を否定するような言葉を浴びせる）。
・「もし失敗したら、〇〇億円の損害が出るんだぞ」

というような言葉です。

教える人の周りにいる人の態度でも、教え方が上手かどうかが判断できます。

教え方が上手な人の周りにいる人はとにかく明るい雰囲気です。目が活き活きとしており、笑顔に満ち溢れ、和気あいあいとしていて、切磋琢磨しながらお互いに成長していこうという雰囲気があります。

一方、教え方が下手な人の周りにいる人はとにかく暗い雰囲気です。教わる人の目は死んだような感じで、表情も暗く、どこか教える人の顔色をうかがってビクビクしている雰囲気があります。

ところで、教え方の上手な人と下手な人では、どのような考え方の違いがあるのでしょうか。

教え方の上手な人は、努力の大切さを知っています。また、数多くの失敗や挫折を乗り越えてきているため、壁にぶち当たっている人に対してどのようにすれば乗り越えられるかのノウハウを持っています。それらの経験から人に対するやさしさも生まれるため、自然と教え方が上手になるということになります。そのため、教わる人たちは前向きに伸び伸びと頑張るようになります。

一方、教え方の下手な人は、「自分は苦労してきた」と言いながら、大きな挫折をした経験に乏しかったりします。そのため、壁にぶち当たっている人の気持ちが理解できないことがあります。そのため、「オレはできるのに何であいつはできないんだ」という思考となり、ついつい否定的な言葉をかけてしまうのです。また、失敗を必要以上に恐れる傾向が強く、縮こまっている傾向もみられます。そのため、教わる人は失敗を恐れ、教える人の顔色をうかがい、ビクビクしながら頑張ることになります。また、教える人への反発心も生まれかねません。まさに、「名選手は必ずしも名監督になるわけではない」といわれる所以です。

フィギュアスケートの中継を見ていると、どんな一流選手でも、試合本番で完璧な演技ができる時は競技人生の中でもほとんどないことがわかります。また、仕事においても、どんなにベストを尽くしても、何かしら課題ができるはずです。成長するには、一つずつ課題を解決しながら前に進んでいくことが必要になります。そのことを理解し、教わる人が自主的に前を向いて進めるようにアシストするのが、教える人の重要な役目なのです。

第三章　教わる時間の作り方

①　教わるテーマの優先順位を決める

現在のビジネス社会では、いろいろと学ばなければならないことが多いです。学ぶことは目の前の仕事を遂行するためのスキルに限りません。世界で通用する人材になるためには英語の勉強も必要となります。さらには、仕事の幅を広げてステップアップするための専門知識や技能も学ばなければなりません。そのため、「あれもやりたい、これもやりたい、しかし時間がない」…とお悩みの方がいらっしゃると思います。しかし、あれもこれも並行して取り組むと、結局は全て中途半端なまま挫折することになりかねません。

そこで、自分の置かれた立場や目標の進捗状況に合わせて、教わるテーマに優先順位をつけて、一つずつクリアしていくことが重要です。

例えば、今の仕事に慣れるまでは、目の前の仕事を確実にできるようになるためのスキルを学ぶようにするとよいでしょう。コンピュータ関係の技術者など、求められるスキルが短期間で変化する仕事についている場合は、技術の変化に対応するための勉強を優先するとよいでしょう。海外で駐在する機会が多いと予想される職種についている場合は、英語など、駐在先の言語の勉強を早くから進めるとよいでしょう。

さて、上司や先輩などから「このテーマについて勉強したほうが良い」とのアドバイスを受けることがあるかもしれません。その時は、そのテーマが優先順位の1位となると思います。上司や先輩は、能力が向上させるためのノウハウや経験を持っているからです。

そのアドバイスの中には、何年も勉強するなど大変な努力が必要なものもあるかもしれません。しかし、まず挑戦してみることが重要です。「自分は○○だからできない」と思うのは、自分の可能性を狭めることになりますし、アドバイスをした相手を失望させることになりかねません。やってみてダメなら仕方がない、という気軽な気持ちでスタートしてみてはいかがでしょうか。

② 通勤時間を有効に使う

朝、通勤電車に乗る人々を見ていますと、非常にもったいない時間の使い方をしていると感じます。ほとんどの人は何もしないでボーっとしたり、寝ています。職場に着いてからベストコンディションで仕事をしたいという気持ちからなのでしょう。しかし、電車に乗る時間が1日あたり片道30分、往復1時間とします。これが1年間（250日出勤）だと約250時間もロスしていることになります。250時間あれば、様々な仕事のスキルアップの勉強ができます。

朝の通勤電車で座ることは困難ですが、工夫すればいろいろな手段で勉強をすることは可能だと思います。

私の場合は、朝の通勤時間に英会話の教材を聴きながら経済紙を読み、ビジネスや経済の動向をつかみます。そして、途中の駅で降り、趣味のマラソン練習をします（夏の暑い時期は会社帰りにやることもあります。しかし、夜遅くなることもあるため、原則として朝練習するようにしています）。

帰りは、会社を出るときからラジオの経済番組（録音されたものをスマートフォンでダウンロードします）を聴きます。電車は始発駅から乗るため座っていくことができます。そのため、経済番組を聴きながらパソコンで資産運用に関する勉強や作業をします。中小企業診断士のボランティア活動で、レポートを書くときもあります。その時は、ラジオの経済番組を聴きながら作業をすると気が散ってしまうため、英会話の教材を聴きながら作業をします。

コツとしては、電車で座れないときは音声のコンテンツや読み物を利用して勉強をし、座れる時は手を動かす作業をするのがポイントだと思います。

通勤時間に限らず、ちょっとした空き時間を上手に利用することで、スキルに大きな差がつくと思います。皆様もぜひ実践されてみてはいかがでしょうか。

第四章　スクールや本を上手に利用する

①　スクールを上手に利用する

仕事に限らず趣味の分野などでも、まず基本が大切となります。教わるというと、人に聞いて教わる、という方法もあると思います。しかし、先輩は1から10まで教えてくれるわけではりませんし、あまり頼りすぎると先輩も迷惑がるでしょう。そのため、まずはスクールで基本を学ぶことが物事を習得する第一歩だと思います。スクールを上手に利用し、就職先を勝ち取った私の例をご紹介したいと思います。

私は子供の時に、とにかく実技科目が苦手でした。図工も体育もすべてダメ。昔、「ドジでのろまなカメ」という名セリフのドラマがありましたが、まさにそれを地でいっていました。

そんなものですから、社会人になって最初に入った会社では「オレは教えない。とにかく見て覚えろ」というやり方についていけず、結局クビになりました。

原因としては、仕事をするための専門知識や技能の基礎が全くなかったことでした。さらに、人の話を理解する力が他の人に比べて圧倒的に劣っていました。

そのため、私は専門知識や技能を身につければ再就職できるだろうと考えました。幸い退職金もいくらか出たので、それを全て使って、印刷デザイン（チラシやカタログなどの紙面のデザイン・制作をする）の専門学校に通うことにしました。

スクールは週1回、朝から夕方までの授業でした。スクールでは、現役のプロとして活躍している先生が基礎の基礎から懇切丁寧に教えてくださいました。また、実務で必要なことを体系的に学ぶことができました。何か質問事項があれば、先生は親切に答えてくださいました。私も教材の予習をしていきましたので、より理解が深まりました。

また、先生をはじめとして、スクール全体が「頑張れば絶対に就職できる」という雰囲気に満ち溢れていました。そんな環境でしたので、私も「必ず就職できる」という希望をもって勉強ができました。

もちろん、スクールの勉強だけでは再就職はできません。入ってすぐ即戦力となるためには、自分でプロとして恥ずかしくない品質の作品を短時間で作れなければなりません。そのためスクールのない残り6日間、私は1日中面接に持っていくための作品を作り続けていました。

卒業後、私は学校の就職相談を受けました。そこで就職相談員の方から「会社を受験してみたらどうだ。ただし、10社受験して1社合格できたら御の字だぞ」と言われました。確かにその通りでした。面接に臨めたのは応募した中の半分でしたし、面接でも落とされ続けました。しかし、面接を受けた会社でアドバイスされたことを反映し、就職活動をしながら作品を作り続けました。

その結果、奇跡が起こりました。現在私が勤める会社に就職が決まったのです。スクールに入学してから約1年、就職活動を始めてから3か月でのことでした。私はすでにその会社で15年以上勤務しています。

このように、スクールを上手に利用して基礎を徹底的に学び、さらに努力し続けることで、大きな成果を得ることができます。また、スクールの授業に合わせて予習・復習をすることで、学習スケジュールが立てやすくなるというメリットもあります。さらに、スクールは授業料もかかりますので、もとをとろうと真剣に勉強するようになります。ぜひ「上手な教わり方」の手段の一つとして取り入れてみてはいかがでしょうか。

②　切磋琢磨する環境が成長を加速させる

仲間とお互い切磋琢磨できる環境は、そこにいる人たちの成長を加速させます。

私は国家資格の「中小企業診断士」を受験した時に受験予備校でそのような仲間9人とめぐりあい、そのうち8人がその年度に、残り一人もその後の年度で合格しました。その体験を交えながら説明します。

私が中小企業診断士試験の受験を思い立ったのは、現在勤務している印刷会社に入って5年目のことでした。「ただ印刷物を作るだけなら誰でもできる。お客様のことをもっと知り、お客様の売上アップに貢献できるカタログやチラシを作るようになれれば、お客様にもっと貢献することができる」と思ったからです。そこで、私は中小企業診断士試験の受験予備校に通うことにしました。

中小企業診断士の試験は、マークシート方式の1次試験と、論述式の2次試験があります。

1回目の受験では、マークシート方式の1次試験は合格したのですが、論述式の2次試験は落ちてしまいました。その当時は受験友達がいたわけではなかったので、論述式では自分のどこがいけなかったのかが分からずじまいでした。

2回目の受験をするにあたって、担当の先生が変わりました。その先生は、生徒をいくつかのグループに分けて、勉強をさせるようにしていました。1次試験は合格していたため免除されていたので、2次試験専門に勉強できるグループに入りました。

そこで私は最初びっくりしました。メンバー全員のモチベーションが異常なほど高かったのです。ついていけるかどうか不安でしたが、メンバーどうしが切磋琢磨する環境に次第に巻き込まれていきました。気づいたときには、私も一緒になって高いモチベーションで勉強していました。例えば、勉強時間を競い合う。ほかの予備校の模擬試験の問題を持ち寄ってメンバー全員で本試験と同じ制限時間でやってみる。授業後はメンバー全員でディスカッションをし、自分のどこが悪かったのか話し合うなど、まさに青春ドラマさながらのハードさでした。メンバー一人ひとりがライバルでありながら「教え」「教わる」という関係で、次第にメンバーどうしの絆が深まっていきました。もちろん、メンバー全員は仕事をしながら勉強をしていましたので、今から考えると誰か倒れてもおかしくなかったと思いますが、「どうしても合格するぞ」というモチベーションがメンバー全員を支えていたのだと思います。

このように猛勉強した結果、メンバー10人中9人がその年度に合格。残り1人もその後の年度で合格しました。つまり全員合格したわけです。ちなみに中小企業診断士2次試験の合格率は約20%といわれています。

モチベーションの高い受験仲間がいなかったら、私は中小企業診断士に合格していなかったでしょう。このような受験仲間を作ってくださった先生や、受験仲間に大変感謝しています。今でもお世話になった方々とは年賀状やフェイスブックで繋がっており、かけがえのない仲間です。

このように、仕事・趣味・資格受験などでも切磋琢磨しながらメンバー全員「教え」「教わり」お互いに能力を向上させる環境があることは素晴らしいことです。リーダーがこのような環境を作れば、自然と成果を出せる組織が出来上がると思います。ぜひ実践されてみてはいかがでしょうか。

③ 応用は基礎の積み重ねだ

一般的には、基礎を身につけてから応用力を身につける、とされていますが、私は「応用は基礎の積み重ねだ」という考え方を持っています。というのは、ひとつ物事の基礎ができると、それに関連した項目を勉強しなければいけなくなる場合が多々出てくるからです。それらをひとつひとつクリアすることで、応用力は自然とついていくものだと考えています。

私が従事する印刷デザインの場合の話をしたいと思います。私はスクールで一通り勉強をしましたが、それだけでは一人前にはなれませんでした。３年目までは、ミスをしない仕事の進め方の基本やデザインの表現手法などを書籍で研究していました。その後WEBデザインのニーズも出てきたため、基礎から勉強しようとスクールに通っていました（仕事が忙しく、なかなか勉強する時間がとれなかったため、今でも思ったような作品は作れませんが）。5年目になると、ただデザインを作るだけではなく、お客様に「このようにカタログの紙面を構成すれば売り上げが上がりますよ」というアドバイスができれば、もっとお客様に満足していただけると思い、中小企業診断士の資格を取得しました。最近では、大量の封筒の宛名や名刺を短時間で作れるような技術も習得しています。

このように、どんなことでも経験を積むことによって次々と課題が出てきます。それを解決するために、新たな分野の基礎を学ぶことになります。いろいろな分野の基礎の勉強を継続することで、どんな状況でも対応できる応用力が自然と身についていくのだと思います。まさに「応用は基礎の積み重ね」ということです。

④　書籍やＤＶＤは達人のノウハウが詰まっている

「応用は基礎の積み重ね」ということを述べましたが、いろいろな学習分野がすべてスクールで勉強できるわけではありません。さらに私の場合は、同じ仕事をしている同僚がいなかったので、教えてくれる人がいませんでした。そこで私は、書籍をよく利用していました。

書籍は達人のノウハウがたくさん詰まっています。さらに、編集者によって、より分かりやすくなるにはどうすればよいかを煮詰めた上で出版されています。しかも安い価格で提供されているので、コストパフォーマンスも高いといえます。

また、最近はインターネットショッピングの普及により、専門書が探しやすい環境にあります。自分が課題を持っている分野で検索をしていけば、おそらく課題を解決できる本に巡りあえると思います。皆様も仕事などで課題が見つかったときは、書籍を検索してみてはいかがでしょうか。

第五章　「教わることの楽しさと喜びを知る」

①　あきらめずに努力し続ければ道は開ける

「ほかの人は自分より器用にこなしている。自分はいろいろと努力しているが、なかなか結果が出ない。結局自分は今の仕事には向いていないのでは?」、とお悩みの方がいらっしゃるかと思います。しかし、あきらめないことは常に重要です。

私がデザインの勉強をしていたときに先生が、「あきらめた時点で、今まで努力したことがゼロになってしまい、さっぱり身にならなくなります」とおっしゃっていました。また、物事を身につけるためには、最低でも1万時間努力しないといけないといわれます。

私は、自分が本当にその仕事に向いているかどうかは、何年取り組んでもわからない面があると思っています。子供の頃、図工の成績が悪かった私が、15年以上も印刷デザインの仕事を続けていますし、引っ込み思案で話すことが全く苦手な私でも、中小企業診断士の資格を取得してからは初対面の人と話をすることも臆せずできるようになっています。

最近では、最初に入った会社を3年以内に辞めてしまう人が多いといいます。教える方も教わる方も、物事の覚えが悪いと簡単にあきらめてしまうのでしょう。しかし、それが教わる本人の人生を狂わせてしまうこともあるでしょうし、ひいては社会全体の損失につながってしまうことは言うまでもありません。

人はその時点では能力があまりなくても、努力次第で変われるものだと思っています。あきらめず努力し続けること、それが人生や会社にとって大変重要であると私は思います。

② 1つの趣味が2つの新たな趣味を連れてきた

1つの趣味が2つの新たな趣味を連れてきたと聞くと、本当かな、と思われる方も多いと思いますが、これは私の実例です。

肝臓の病気（脂肪肝）になった私は、健康のためにマラソンを趣味にしました。マラソンに凝るに従っていろいろと課題が出てきました。まず、体を維持するために料理が趣味になりました。走る距離が延びると、貧血になりやすくなります。また、スタミナ不足や風邪をしょっちゅうひいていたのでは、毎日の練習に支障が出てしまいます。そのため、食事には気をつけるようになり、自分で料理もよく作るようになったわけです。その結果、風邪をひく回数がかなり減りましたし、ひいたとしても軽い症状で済んでいます。

また、気分よく走るために若い人が好む音楽を聴くようになりました。好きな音楽を聴きながら走っていると、自然とタイムが良くなり、苦しさも多少緩和されるためです。

つまり、サブタイトルにあるように「1つの趣味（マラソン）が2つの新たな趣味（料理と音楽鑑賞）を連れてきた」というわけです。

今後実力が上がってくれれば、日本国内だけではなく海外の大会にも参加しようと考えています。そうなると、「旅行」と「英会話」という2つの趣味が新たに加わることになることでしょう。

このように、ひとつの物事を教わると、ほかの分野について教わることが広がっていきます。その結果、人生が豊かになるチャンスが増えていくと思います。皆様も何か夢中になれる趣味をひとつ持ってみてはいかがでしょうか。

第四部　鈴木　香織による「上手な教わり方の秘訣」

教え方の上手な人の見つけ方

（１）　理想の先生像は変わる

生徒は先生に対して、信頼関係を持つことができないと、たとえその先生が正しいことを話していたとしても、受け入れることはできなくなります。単発的なセミナーや期間限定の講習会を除いては、先生と生徒の関係は長期的なものになりがちです。

個々の生徒と先生の間には、個性、適性、価値観など人間的な感情を切り離すことはできません。短期間で人間の性格が大きく変わることがないとしても、生徒は成長するために学んでいます。その成長を通して生徒にとってどのような先生が最も良いのか、ということは変わることがあります。

例えば、一括りに「英語教室」という看板があっても、その対象は幼児なのか、中学・高校の受験生なのか、または社会人がキャリアアップのために勉強するのか、あるいは教養のためかによって、先生の適性は異なってきます。

また、多くのカルチャースクールや稽古事の教室では「初心者大歓迎！親切丁寧に教えます」

とアピールしていますが、初心者に対してわかりやすく教えるのが上手な人が中級者を上級者にするように教えることが上手とは限りません。こうした「初心者に優しく丁寧である」ことを謳っている教室での理想の先生のあり方は、初心者を中級者にすること、そして、生徒が中級者になったら更に難易度の高い指導ができる先生を紹介して自分からは卒業してもらうことでしょう。しかしながら、生徒を減らすと自分自身の収入に影響を及ぼしますから、そのような先生はなかなかいないものです。

また、成績が落ちこぼれの生徒が平均的な学力に追いつくようになることをコンセプトとしている学習塾もあります。その生徒の目標は、平均的な学力になることであり、それが達成されるとその学習塾の役割は終わってしまうことになります。その生徒が更に上位を目指したいと思うようになった暁には、別の学習塾が向いていると言える場合もあります。

「合格」といった具体的な成果を求められない大人の稽古事の中には、「上手くならなくても生徒が楽しんで授業料を払ってくれればそれで良い」と考える先生もいます。生徒に厳しくしてしまうことで「私には向いている自信がないので辞めます」と言われることを恐れて「大分よくなりましたね」と曖昧なほめ方をして、続けてもらおうとする場合もあります。

教えられる側はいつまで経っても初心者のままで居続ける、ということになりかねません。それでも本人が満足していれば良いのですが、先生や他の生徒以外の人から客観的な意見を聞く機会が出て来ると、自分の先生に対して不信感が募る場合があります。

（２）目標となる生徒がいるか

先生の経歴が立派であっても、必ずしも生徒が伸びるとは限りません。優れたプレイヤーが、優れた指導者とは限らないからです。例え生徒を取っているとしても、その先生にとっては、収入の一つとしか考えていない可能性もあります。

その指導者が優れているかどうかを判断するには、指導者自身の経歴や知名度ではなく、その生徒で自分の目標になると思えそうな人がいるかどうかを確認すると良いでしょう。

ここで、実績に見方を誤解しないようにする必要があります。間違いやすい点として次のことが挙げられます。

①　少数の優秀な生徒による多くの実績

自分が目指したいと思う人が身近にいることは大きなモチベーションにつながります。しかしながら、そうした人が少数であると、先生が優れていたのではなく、生徒個人の運や実力によるものであると言えます。また、そうした生徒は多くの先生を掛け持ちしているという可能性も否定できませんので、少数の優秀な生徒の実績で先生の実力が簡単にわかるということは困難であると言えます。

あまりにも自分の実力とかけ離れすぎていたりすると、目標として現実味のないものになってしまうことがあります。この自分の現実や課題についても、明確に伝えてくれる人が良い先生であるといえるでしょう。

② 合格者が生徒全体の何割か不明

資格の受験校にありがちですが、「○○試験合格　○○名！」と言った文言があります。中には同業の学校の中では、一番合格者の数が多い、ということをアピールしています。

しかしながら、その中には、一度だけ模擬試験を受けた人や本当に短期的な講義を受けただけの人も含まれるでしょう。

広告に力を入れられる規模の大きい学校の場合、集客力が高くその結果受講生の数も多いため合格者数も必然的に増えますが、何パーセントが合格したのか、という点が明らかにされていない場合もありますので、留意する必要があるでしょう。

③ 目標となる生徒とバックグランドが違いすぎる

自分の先生に習う他の生徒で、自分の目標にしたいと思う人がいる場合でも、自分がその人以上に努力すればその人と同じようになれるか、と簡単に言うことはできません。

それぞれの生徒と先生の間での人間的な相性の問題もありますし、自分の生徒になるまでの過程の違いで、「過去にこういう経験を積んだAさんにはここまで求めるけど、そうでないBさんにはこの辺りで良い」という判断をして指導の仕方を変える場合があります。

Bさんは努力してAさんのようになりたいと思っても、先生はそこまで期待していない、ということになります。

（3） 適切な伝え方ができるか

単にそのまま知識を詰め込みで暗記すれば良いという知識ではなく、生徒自身のやり方を改善しなくては、結果も良くならないケースがあります。

次の手順を適切に伝えられるか、ということが重要です。

① 直すべき所を指摘する

まずは自分の間違いが何なのかを明確に伝えられることが大切です。「なんとなく良くなくない」という指導の仕方では、良くありません。

生徒は、具体的に質問をするべきですが、質問させてくれる間もなく、限られた時間だからという理由で自分の言いたいことを、どんどん進めてしまおうとする先生もいます。

② 直し方を伝える

それでは、どのようにすれば、その生徒の欠点が解決されていくのか、その方法を具体的に示すことができることが必要です。

いつも同じことを言い続けている先生の場合、これが適切でない場合が多いです。

③ 直ったのかどうか明確にする

悪い所を指摘して、どうすれば解決するのか、ということを指摘することは可能であっても、ここまで伝えられる先生は少数です。

欠点とその直し方を指摘された生徒は自分で直そうと努力しても、間違った直し方をしているのでは、改善しません。部分的な欠点を指摘しても、全体的な出来栄えを褒める先生の場合、その部分的な欠点が本当に直ったのかどうか不明確なままになってしまいます。

（4） 先生を変えられるか

義務教育の場合、よほどの問題を起こさない限り、先生を替えることは困難です。先生が大人で生徒が子供の場合、生徒によって態度を変えることは「えこひいき」と呼ばれ、非難の対象となりますが、大人同士の場合はこうしたことはよくあるケースです。

生徒の側にも性格の違いがありますから、個々に配慮することも場合によって必要です。

社会人の間では、上司や先輩が新入社員に指導することがありますが、これも教えられる側によって態度が異なることがあります。

適切な指導が受けられないと教えられる側は、不満を持ちますが、教えられる側は自分の目標を伝える必要があると言えます。

同じ上司が男性の部下に対しては厳しく指導するのに、女性の部下には甘くすることがあります。結果として男性の部下は成長するのに、女性の部下は成長できない、というケースが散見されます。

甘くされた側は、その時は精神衛生上良いものだとしても、その上司の力量によって能力に差がでてしまいます。

指導者が甘くて成長できない場合、生徒は自分の長期的・短期的な目標を指導する側に伝えていくことが必要です。

中小企業診断士とは

本書の著者 6 名はすべて中小企業診断士です。しかしながら、「中小企業診断士」という資格は世間一般には、さほど知られていないと思われますのでその概略を以下に記します。

1. 名称について

1. 中小企業支援法で「中小企業の経営診断の業務に従事する者」とされています。
2. 中小企業支援法で「一定以上の能力を持つ民間コンサルタント」とされています。
3. 法律上は名称独占資格（資格がなければ名称を使用してはならない）とする規定はありません。
4. しかし、一般的には名称独占資格に準じる扱いを受ける場合が多いといえます。

2. 独立開業について

1. 中小企業診断士として独立している者の割合は 27.6%（2005 年 12 月時点）です。
2. 中小企業診断士として登録している者のうち 7 割以上は独立開業していません。
3. 独立開業を行わず企業内に留まる者を「企業内診断士」といいます。
4. 定年退職まで企業内で勤務し、退職後に独立する者を「年金診断士」と呼ぶ場合もあります。

3. 登録者に見られる受験理由

1. 自己啓発を目的とします。
2. 中小企業診断士の試験内容が経営やマーケティング全般に及び、ビジネスパーソンとしての資質向上に直結するため。
3. 独立に際しては、相応の実践的スキルが必要になるため。

4. 企業内診断士が独立開業を行わない理由

1. 経済的不安が予想されるため。あるいは、現在に比べて年収が下がるケースが多いため。
2. 現在の能力不足を自覚しているため。
3. 現在の職場に満足しているため。

第五部　青島　利久による「上手な教わり方の秘訣」

第一章　自分の過去を振り返って

「教わり方」というと受け身の意味が強いので、むしろ「学び方」といった視点で学校時代をざっと振り返ってみたい。

（1）小学校時代

私は、小学校の高学年になって少し積極的な行動ができるようになりましたが、新入学のころは全くおとなしく消極的な子供でした。幸いに私の性格を変えてくれたのは、一年時担任の長田式部先生でした。その名前が示すように、若くてとてもはつらつとした女の先生で、子供たち一人一人の元気を引き出してくれました。また二年時の学芸会の浦島太郎の合唱で、男女一人ずつソロを歌うパートに選ばれたことが人前に立つ喜びを芽生えさせてくれました。昨今カラオケで歌うのが好きなのは、このころの経験が出発点ではないかと思います。

学校の勉強や宿題を親に教わることはほとんどありませんでしたが、二年生の夏休みに、母親にわら半紙に何枚も文字ますを作ってもらい、短い物語の書写をひたすらやった記憶があります。また、毎年冬休みには書初めを新聞紙に一生懸命習いました。よく、「書道塾に通ったの？」と言われましたが、学校の授業以外に書道の先生から習ったことはなく、ただ手本の真似をするようにしました。書道を習っていた友達のように特別太い筆を持たなかったので迫力のある字ではなく、教室に張り出されるレベルではあっても、展覧会で上位の賞に選ばれるようなことはありませんでした。コンピュータが進んでも人前で文字を書く機会は結構あり、美文字が書けるよう、年賀状や書初めの季節だけでも書道を学びたいものです。

健康や運動面では、相撲が大好きで友達とよく遊びました。栃錦のファンでよく真似をしていました。二年と四年のとき、相撲でひじと足の甲を骨折するなど、数か月体育を休んだり、通院・通学に母親に付き添ってもらったりしておりました。季節の変わり目とか、映画鑑賞やバス旅行とかにはよく頭が痛くなることが多く、保健室で休むこともたびたびありました。体育で特に記憶に残っているのは、鉄棒の逆上がりがなかなかできず苦労したことです。五年生の後半にようやくクリアした時はクラスで最後の方だったことを憶えています。跳び箱などは人並みにはできましたが、なにしろ鉄棒は懸垂もできず、一学期の体育がとても苦痛でした。最近の小学校では、逆上がりの蹴りを助ける補助板などが用意されているようです。鉄棒は、腕の力を鍛えるだけでなく、腹筋や背筋など上半身をバランスよく鍛えることや後ろ回りの練習をするなど、関連の運動能力を鍛えるなどの工夫が必要だったようです。おそらく担任の先生は体育専門ではなかったので、適切なコツを教えてくれなかったものと思われます。

小学校の後半に一番頑張ったのはそろばんです。小学四年生の新学期から四年間、焼津市内でも唯一のそろばん学校（当時の名称：焼津東珠算学校）に週五日通いました。ところが一か月前の三月から通い始めた仲の良い友達にはなかなか追いつけず、良きライバルとして長い間競争しました。すでに一級合格していた九歳上の兄にも負けたくない思いで、塾には休まず通い、検定試験の前には家でも同じぐらい練習しました。塾では毎月進級試験があり、数か月ごとには日本商工会議所（日商）や全国珠算連盟（全珠連）の検定などがあって、常に次の目標を追いかけていました。わずか半年で三級までとんとん拍子で合格しましたが、日商二級合格にはそれから一年かかりました。そして小学六年の冬に日商一級に合格、中学一年の最後に全珠連の初段に合格したところで、そろばんとは区切りをつけました。そろばんを通して数字が好きになったこと、計算をおっくうに思わなくなったこと、加減算であればかなり暗算が効くことなどは、その後の勉強やビジネスにおいても大きな強みとなったといえます。その塾では、先生が毎日それぞれの生徒のレベルにあった読上げ算をしてくれました。初めは数桁のゆっくりした読上げ算からだんだん桁数とスピードが上がり、途中から自分のレベルでは追いつかなくなります。また塾内では毎月全員同一問題による競技大会があり、相撲と同じ様式の番付で成績順位が張り出されました。最後まで横綱にはなれませんでしたが、自分より上の人との差が縮まることも大きな励みになりました。進級試験に合格すると、先生から新たなレベルの個人指導が受けられました。それ以外ほとんどコミュニケーションが少ない先生でしたが、塾生への期待の気持ちは十分伝わっていました。そろばんを通して、根気強さ、集中力、競争心、高い目標設定の重要性、ライバルの必要性などたくさんのことを習得できました。

将来金融関係など主に数字を扱う仕事につく人は、小学生の段階でそろばんを習得しておくことが、数字への感性を高めるのにとても役に立つことをお伝えしておきます。

（2）中学高校時代

小学校から続けたそろばんは、中一の最後で区切りをつけ、中二からはクラブ活動のバスケットボールに打ち込みました。先輩たちからのいじめにも近いうさぎ跳びや坂道ダッシュなどをさせられよく筋肉痛で苦しめられました。その当時は運動中の水分補給も禁じられておりました。最終的には腰を痛めてしまい、大会では力を発揮できませんでした。わが大村中学校は、球技についてはトップではありませんでしたが、陸上部には著名な先生がおり、毎年県大会でもトップクラスのいい成績を残す中学校でした。試合に勝つためにはそれなりの練習法と環境が必要で、指導者の力量によることを痛感しました。

中学の授業で印象的だったのは、英語と数学において公立でありながら習熟度別授業が展開されていたことです。私立中学であれば、入試によってだいたい似たレベルの生徒が集まるので問題ありませんが、公立の場合には習熟度別授業は適切な配慮だったと思います。地方の中学では、だいたい成績順に行く高校が決まることもあって、ほとんどの生徒が特別な進学塾に行かなくても済み、クラブ活動にも専念できました。

特に英語と数学においては授業時間数も多く、先生の教え方のレベルによって理解度や習熟度が大きく変わってきます。指導力のある先生に当たるかどうかで、その後の進路選択に影響するので、塾も含めて、先生選びは重要だと思います。

その他印象的な授業は社会科でした。私の育った静岡県焼津市は、反核・平和に対する思いの強い市でもあり、我々の中学では全員が日本国憲法の前文を暗唱しました。一人一人暗唱できるまで学校に残されたのです。この時、大切にすべき文章や言葉は暗唱が大事であることを学びました。

中学の校歌に「富士の峰を朝夕望む、新しき白亜の校舎……」とあるようにのどかな焼津の田園地帯に建てられた学校でしたが、二年の秋に東海道新幹線が校庭をかすめるように走り、その静けさが打ち消されてしまいました。

父親も定年退職していたので、家庭の事情を考慮して高校は進学校ではなく、県立静岡工業高校の電気科に進学しました。それまでにそろばんもやっていたので商業高校進学の選択もありましたが、「これからは工業の時代だ！」との兄の助言に従いました。その当時の大学進学率はまだ二〇%以下でした。自分の適性や将来の仕事について深く考えなしに高校を選択したことはまずかったと思います。

高校の授業では、半分以上が電機関係の専門科目で七時間目がある曜日もあり、期末テストなどはかなりハードだったと記憶しています。そのおかげで、三年時に国家資格である電気主任技術者試験（電験三種）に合格できたことは良かったと思います。ただ、普通高校に比べ英語と数学の時間が少なく、社会人になってから実務で苦労しました。高度な仕事をやっていくには、基礎科目の実力が必須であることを痛感しました。

高校で印象に残っている授業は「政治・経済」の時間で、全く教科書に沿わない授業が進められ、日本経済の二重構造や当時の政治問題など教師が取り上げたテーマについて時間をかけて学習しました。受験の制約がないのでこのような授業ができたのかもしれません。学校で与えられた教科書や資料集は授業時間外に自分で読み、TVのニュース番組などの報道に対しての感度が強まり、社会問題をより深く理解するようになったと思います。昨今のマスコミ報道の質や取り上げ方の甘さなどが時々気になるのは、その頃教わった素養がよみがえっているものと考えます。

（3）専門学校時代

地元の工業高校を卒業し、上京して電機会社に入社後二年目に、会社内に設立されている日立京浜工業専門学校（日立工専）で一年三か月、更に一年間東京大学理工系大学院に留学させていただく機会を得ました。

日立工専は全寮制で、全国の事業所から選抜された百五十名前後の人たちが寝食を共にしました。朝六時半からのラジオ体操に始まり、九十分授業が五コマ必修、十一時消灯は本当に健全な毎日でした。講師は主に東京工業大学と横浜国大の先生が中心で、大学二年間で学ぶ専門科目を、一年三か月で消化するものでした。特に印象的な授業は、二〇一五年秋文化勲章を受章された電磁気学の末松安晴先生の授業と、微分方程式の豊田浩七先生の授業でした。どちらも授業用の教科書は先生の著書ですが、ほとんど教科書をなぞることなく、板書される数式などは先生の頭に入っているのです。先生の説明に飛躍を感じた時は、たびたび質問しましたが、質問の意図をよく理解されて回答の途中で納得がいくぐらい明快な解説でした。あまりに無駄のないわかりやすい授業だったのでそれに満足してしまいましたが、今振り返るともっと深く勉強して、理解を広げておけばよかったと思います。

東京大学では、工学部の菅野卓雄教授の研究室にお世話になりました。主にご指導いただいたのは岡部洋一先生（二〇一五年現在放送大学学長）でしたが、研究テーマは「半導体の動作解析」という物性研究で、半分以上先生に手伝って頂いた状況でした。東京大学でも、指導教授の授業などを受けてみましたが、偏微分方程式や統計学などの数学の力不足で、半分も理解できず私にはレベルの高すぎる授業でした。東大の理系大学院に進まれる学生の思考力・理解力については、頭の構造が違うと感じました。さらに、社会人になっていろいろな研究論文に触れましたが、ゆっくり読み返せば理解できる論文と、数式を多用してとても通常のレベルでは理解できない論文があることを知りました。

私がつかんでいる学校での授業の受け方のコツとして、教え方が上手な先生の場合には予習より復習を中心に、逆に授業だけで理解が難しい先生の場合には、予習を多めにして先生の説明不足の点を質問するようにしなければ、得るものが少ないように思います。

また、すべての学びにおいて復習は絶対必要です。エビングハウスの忘却曲線が教えるように一日過ぎると四分の三は忘れてしまうので、できるだけ早い時間に復習して記憶に定着させる必要があります。

第二章　習い事

（1）茶道

会社に慣れた三年目ぐらいに、私は会社の中の文化活動で茶道に入門する機会を得ました。入社した日立製作所には、事業所ごとに日立会というスポーツ・文化活動を行う部会があって、退勤後など毎週一、二回の集まりがありました。書道、華道、美術、陶芸などいろいろな習い事がいつでも始められるようになっていて、単に同好会ではなく、きちんとした指導者が毎週教えに来てくれるものでした。それぞれの部にはその道を究めている人もいて、趣味の領域を超え、プロの資格を持つ人も参加していました。

私が入部した茶道部は、一般的には女性の習い事とのイメージもありますが、男女構成はほぼ半々でした。熱心に毎週参加している人は少なくとも十人ぐらいいました。講師の竹田先生は、京都の表千家家元まで毎月自ら稽古に出かけるという大変熱心な先生で、当時六十歳ぐらいではなかったでしょうか。小柄ながらとてもはつらつとしていて、和室での立ち居振る舞いなどの基本から、お付き合いのマナーまで細かく注意してくれました。茶道部の部員もレベルの高い先生から教わっている安心感と自負がありました。

茶道は、日本文化の原点ともいえるいろいろな要素を含んでいます。特に茶道では季節感を大切にし、すべてのおもてなしの中に季節感を取り入れ表現します。茶道を習い始めてから、道行く家々の庭や公園の草木などの季節による変化などを楽しむことができるようになりました。それに対し、昨今の気象の乱れなどはとても気になる毎日です。

茶道における作法の基本は、「利休七則」にまとめられています。

一、茶は服のよきように点て

二、炭は湯の沸くように置き

三、花は野にあるように

四、夏は涼しく冬暖かに
五、刻限は早めに
六、降らずとも傘の用意
七、相客に心せよ

茶道では、単にお茶をもてなすだけではなく、花、書、食器、料理などにも季節感を考慮するので、生活に必要なあらゆるものの理解が必要になってきます。おもてなしの心を表す「一期一会」は、人づきあいの中でも常に意識したい言葉です。また、ある道を究めるのに歩むべき三段階「守・破・離」の教えも基本になっています。一つ一つの所作の無駄のない美しい動きは、千利休から引き継がれた型があり、それをひたすら稽古を通して習うことから始まるのです。茶道部の若手有志は、会社での稽古に加えて、先生宅の茶室での稽古にも月一度通いました。その時は、妻に着物の着付けを手伝ってもらいながら、本格的な服装で参加しておりました。諸般の事情から、茶道の稽古は十年余りしか続けることができませんでしたが、十年ぐらいの稽古で、通常のお茶席に座ることには抵抗がなくなります。

国際化と技術の急速な進歩から、誰もが習わなければいけない学習の幅が増え、日本の文化を習う時間やゆとりがなくなっています。しかし、日本をより深く理解し、他国に日本の素晴らしさを伝えるためにも、茶道を究めた人から教わる機会を見つけることを読者に強くお奨めします。

「接客は利休に学べ」という本が二〇一三年末に出版されていますが、千利休が現在実在した場合を想定し、経営コンサルタントとしてあるレストランの接客を根本的に変えようとして、社員が悪戦苦闘する物語風のビジネス書です。茶道の根本精神が詰め込まれています。

（2）プロから教わることの大切さ

私が茶道以外にもプロから教わることができたことに、ソーシャルダンスとボーリングがあります。こちらは半年程度の短期の活動だったので大した進歩には至らず、手ほどきを受けた程度でした。しかし、ボーリングではレーンの端からボールを投げ、カーブするボールの投げ方やトップピンの狙い方などの基本は習得でき、一ゲーム一〇〇～一五〇点位の力が、数か月で二〇〇点前後の成績が取れるようになりました。単なる遊びとしてではなく、競技として基本の型をプロから教えていただいたことは幸せでした。それはプロの競技を見るときにも見方が違ってきます。

「石の上にも三年」ということわざがありますが、習い事はとにかくあるレベルに到達するまでは継続が必要です。その道を究めようと思ったり、自分の強みにしたいと思ったりする場合には、それなりの実績を持つプロから手ほどきを受けることが、近道ではないでしょうか。

私には二人の息子がおりますが、いずれも入園した幼稚園が取り入れていたリトミック音楽教室でピアノを習わせました。リトミックは、黒柳徹子さんの「窓ぎわのトットちゃん」で紹介され話題になりましたが、リズム遊戯を通した音楽教育で単に楽譜通りにピアノを弾くことを学ぶものではなく、幼児教育にはとてもすばらしいものだったと記憶しています。即興など音楽の創作もできるようになるのです。ただし、音楽や芸術、スポーツは親の遺伝や家庭環境もあり、子供に高望みしても無理がありますが、親にそれなりの期待や楽しみを与えてくれたことは事実です。

人並みを超えるレベルまで到達できれば、途中でやめてもそれは挫折ではなく、本人にとっても違う面で生かされて、その後の人生を豊かにするのに役立っているものと思われます。

第三章　仕事の教わり方

（1）新入社員の仕事の教わり方

日本の経済成長期の終身雇用が前提の時代には、中堅以上の多くの企業が数か月の新入社員教育をしっかり行い、会社での仕事のやり方や企業精神などを身に付けさせるための研修や実習などを行っていました。そのため、新入社員は一定期間、受け身の姿勢で従順に言われたことをこなしていれば済む時代でした。大手の電機会社では、配属される事業所とは別の工場での実習などを通し現場体験も行われました。

私は工業高校卒で研究所に入所したため、入社一年九か月間は実験の手伝い的な研究補助の仕事を経験しました。四十五年以上前のことですが、ＬＥＤ（発光ダイオード）材料の研究でした。未知の材料のいろいろな組み合わせにより、明るく光る材料を探す錬金術のような仕事でした。顕微鏡でのぞいてやっと発光状態が確認できるようなレベルで、現在の車や看板の照明のようなまぶしさに進歩するなどとは到底考えられない状況でした。もちろん、当時青色ＬＥＤは不可能だといわれていました。

入社二年目の後半から十五か月間の社内の工業専門学校と一年間の大学院への研究留学の機会を与えられました。その当時は、大学卒社員に引けを足らない専門知識を得ようといった程度の気持ちで二年強を過ごしてしまいました。もう少し、将来の仕事のビジョンや目的意識を強く持って取り組んでいれば、再び研究所に戻ってからの仕事の取り組みが違っていたと反省しております。

昨今は新入社員にも即戦力が求められており、長期の新入社員教育や研修は珍しくなっているようです。したがって、入社前にビジネス・マナーやビジネス会計を含む基本的なビジネス実務の知識を習得しておくことが必要になっています。また、入社後も時間を見つけて、民間のビジネスセミナーや夜間・休日の大学講座などを聴講するなどして自らのスキルアップが求められます。また、入社した会社の経営理念や経営方針、価値観、沿革などはしっかり理解して、職場では先輩・上司の助言や指導を受けながら、与えられた仕事の責任を果たしていくことになります。

（2）仕事上のメンターを見つけ教わること

会社での仕事は、自分の役割や分担は決められても、組織で仕事をすることになり、チームのメンバーや先輩・上司から仕事を教わることが多いでしょう。

仕事には習えばできる機械の操作など比較的単純な繰り返し的なものと、一人前に習得するのに長い期間がかかるもの、さらにはまだ適切なやり方がわからない新規事業や研究開発的なものがあります。教わることによって短時間でレベルアップできるものであれば、プライドや恥を捨て、頼んでも教えてもらうべきでしょう。

習い事や仕事には、先輩諸氏が確立した型（フレーム）があります。その型を覚え身に付けることが先決です。一定レベルに到達した上で、そのやり方に自分流の工夫を試みることも必要です。最初から型を無視して自分流でやってもうまくいく場合もありますが、長続きしなかったり、新たな壁にぶつかったりすることをよく経験します。

ところで職場組織は小規模事業所でなければ永久的なものではなく、チームの再編や転勤、配置転換などが何年かごとに起こります。したがって、理解ある上司やメンバーに恵まれない時も、一時の試練ととらえ好転する機会と時期を待つことが必要です。

いろいろな職場環境や組織体制がありますが、私は別の職場や社外に相談に乗ってもらえる仕事上のメンターを見つけることをお奨めします。

同じ職場やチームの中での上司や先輩との相談では、心の広い信頼できる人は別として、どうしても立場上での回答や保守的で常識的な指導になりがちで、個人的な事情による悩みの解決になりにくい面があります。

私は、日立のある事業部に所属している時、交流のあった別の事業部にいた樋口さんと相澤さんというメンターに出会いました。プロジェクトの推進で事業部間の壁に悩んでいた時、二人は同じような悩みをすでに経験していたこともあり、全社的な視点での助言をもらい、悩みの雲間に晴れ間を見つけることができました。組織に縛られた自分中心の見方に捕らわれていたためなかなか抜け出せなかった時も、第三者から見れば大した問題ではなかったのです。

第四章　経営コンサルタントとの関わり

（1）経営コンサルタントとしてのスタート

私は、生涯現役を目指し、日立を五十二歳で早期退職し経営コンサルタントとして独立開業しました。中小企業診断士という経営コンサルタントの国家資格は、早期退職の前後に資格の学校に通い取得しました。

日立を退職後、一年間の充電期間を経て起業しましたが、当初経営コンサルタント会社への転職を想定していたため、十分な起業準備なしの独立となってしまいました。そのため、最初の十年間はビジネス関係の研修講師や大学等での講師の仕事を中心にこなし、経営コンサルタントの仕事は、公的機関からの依頼によるものに限られていました。

十数年前に改訂された新制度の中小企業診断士は、町医者のようにどのような業種の経営にも対応できるコーディネーターとしての活動が期待され、高度な専門課題の解決はその道のプロを紹介することが要請されていました。

しかし、十年経過して感じることは、コンサルタントとして顧客から求められるのは突出した高度な専門家であり、同時に多くの優秀なパートナーを持たない限り単なるコーディネーターでは食えないという現実を知りました。また、先輩の診断士からは「仕事は選ばず何でも断らず取り組むべき」と指導されましたが、人は良い評価より悪い評価の方で価値決めされやすいので、強みを発揮し貢献できる顧客を選ぶ必要を感じています。

経営コンサルタントにとって、お客様である企業経営者との人的な出会いには下記のようないろいろな場面があります。

・業界団体、金融機関、行政機関等が開催する経営者交流会
・業界団体や企業等が行う展示会やイベント
・セミナーや講演会・研修会
・学会・大学の公開講座・大学院の講座・民間組織が行う各種専門講座
・異業種交流会
・中小機構、中小企業振興公社、商工会議所・商工会等中小企業支援機関からの紹介
・金融機関、交流企業からの紹介
・冠婚葬祭や同窓会、趣味の会での出会い。
・Ｆａｃｅｂｏｏｋ等インターネット・サイトによる紹介
・先輩、知人からの紹介　等々。

多くの場合、形式的な名刺交換や受動的な参加に終わってしまうことが多いのですが、積極的なコミュニケーションに努めることにより、様々な情報を得ることができます。例えば、上

場している会社であっても名前さえ知らなかった会社や、小規模企業でも大手企業との直接的な取引が長い会社を知ることもあります。マスコミでは急成長している会社や得意な技術や製品を開発したごく一部の会社だけが取り上げられますが、世の中には「下町ロケット」のドラマで取り上げられたような、知られていない素晴らしい会社が多数あることに気がつきます。日本を代表する企業ではなくても、地域に貢献している企業がたくさんあります。また、景気や業界の衰退にあまり影響されないで何十年も一定の雇用を維持している会社もあります。

もちろん、多くの出会いがあっても、その後のビジネスに繋がるためには、お互いの共通的な話題や興味、フィーリングが一致すること、更にその後の交流の意思を示すことが重要です。また、単なる情報収集としての参加ではなく、集まりの性格を理解し、少しターゲットを決めたうえで、目的をもって交流することが大切です。

また、飛び込み訪問や電話勧誘においても、対象企業に対する事前情報の収集や何らかのきっかけとなる情報を持ち合わせていなければ、お互い無駄な時間消費となってしまうので避けた方がいいでしょう。

（2）経営コンサルタントがお客様から教わること

経営コンサルタントは、企業経営者に対し、企業が抱える課題の解決や企業価値を高めるための助言や指導、あるいは企業の経営状況の診断を行うことを業務としています。したがって、企業経営者であるお客様から教わるという表現は不自然と思われがちですが、実際にはお客様から教えていただくことが多いことをお伝えしたいと思います。

コンサルティングの依頼にもとづき、特定の企業との交流が始まった後の段階においても、企業経営者や社員から教えてもらうことはたくさんあります。

会社の規模や社歴、経営者の価値観などによって、コンサルタントに求めるものは異なります。面談によって、少しずつ経営状況が明らかになっていきますが、本音の正しい情報を把握できるかどうかが問題です。最初から外部の人間に話せる内容には限界があり、お互いの信頼関係の構築が極めて重要になってきます。経営者の性格にもよりますが、多くの経営者はガードが固く、真の経営状況を語ろうとしません。特に、少人数で運営されているオーナー企業は、従業員にさえ経営情報を開示していないので、第三者のコンサルタントに最初から何でも話してくれることは少ないと思います。まず人間的な信頼関係の構築が重要になります。

交流の浅い段階において、論理的に手際よく、内部事情を聴取するためには、クリニックの初診時によく見られる問診票のようなものに、一通りの回答をしてもらう方法は一つの重要な手段でしょう。しかし、市場調査でも同じですが、問診やアンケートの回答が真実とは限らないので、必ず面談を通して回答内容の正確性をチェックする必要があります。チームで企業診断を行う場合などで、新米のコンサルタントに「なぜ、そのような方向性の結論を導いたか」

と問うと、社長からのヒアリングに影響されていることが多くありますが、社長の意見を鵜呑みにすることは危険です。面談する社長にも、「なぜ、そのような考えになるか」を常に確かめる必要があり、前提となる経営理念やビジョンなどを納得するまでコミュニケーションした上で、状況把握を進める必要があります。

また、人の考え方には必ず偏りがあるので、複数の社員からの情報収集も必要です。

さらに、コンサルタントを使い慣れていない企業では、コンサルタントを調査員ではないかと警戒する人もおり、いつも笑顔で社員と接することにより、常に親近感の醸成に努めることも会社の実情把握のためにも大切です。

また、経営コンサルタントの駆け出しのころ失敗しやすいことは、学習した企業経営理論の紹介や解説で終わってしまったり、自分が収集した業界情報を安易に提供してしまったりすることです。企業経営者は、頭の中は整理されていなくても、実務経験から「人から言われなくてもわかっている！」といった気持ちが強いのです。面談においては、できるだけ経営者にお話しいただくように努めることが大事です。千利休のもてなしの格言にも、「本音を語ってもらうには、お客様が九割、接客者（自分）が一割の会話量」とあります。話の内容から簡単に対策できそうな話題でも、なぜそのような問題が起きたのか、簡単に解決できない理由が何なのかなど深堀の問いかけが求められるでしょう。さらに大手企業出身者や成功者は、通常の会話において上から目線的な表現を気付かず使っていることが多いので、気を付けたいものです。

（3）お客様が経営コンサルタントから教わること

（a）経営コンサルタントから何を学ぶか

お客様である経営者は、経営コンサルタントから何を学ぶことができるか？といった類いの解説書は結構出版されています。中には「コンサルタントが役に立たない本当の理由」などのようなコンサルタントを否定するようなタイトルの本も見かけますが、中身をみると、コンサルタントの使い方を失敗している例やそもそも会社の課題を解決しようとする意欲や姿勢が欠けていた為であるなどが原因で、経営コンサルタント自身が否定されていることは少ない。

しかし、上記の本にも記載されているように、「高いコンサル料を払ったのに何も変わらなかった」、「詳細なレポートをもらったけど、うまく活用できなかった」など、お客様にとっては期待通りではなかった事例は多く存在しているようです。

それでは、できるだけお客様が期待の成果を得られるようにするには、経営コンサルタントとどのようにお付き合いしたらよいかについて、私の経験の範囲でお伝えしたいと思います。

私がよくお客様に申しあげるポイントとして、以下の三点があります。

①医者にかかるのと同じように、自分の症状に合わせたクリニック（専門家）を選ぶこと。

コンサルタントにはいろいろな専門家や業界経験者がいるので、課題に合わせて複数のコンサルタントとの交流を図ること。

②自分の症状を正しく医師（専門家）に伝えるよう努力すること。

即ち、内部状況をできるだけ正確に伝えること。特に決算書は少なくとも三期分は開示すること や問題や証拠となるデータをできるだけ集めて、コンサルタントに伝えること。

③自ら改善しよう、変革しようとすること。

コンサルタントの好ましくない活用の仕方として、コンサルタントからは情報だけを得て、行動の意思が見えない組織があります。日常の業務最優先で、新たな取り組みの時間を社員に与えていない例などもこれに当たります。このような企業では、コンサルタントが宿題や課題を与えても、仕事が忙しかったことを理由に、数週間何も手つかずのまま次のコンサルティングとなってしまうこともよくあります。一般的に経営者は非常に忙しいことが多いので、コンサルタントに対応できる社員を経営者がきちんと指名しておく必要があります。また、コンサルタントはその会社に常駐せず、月に数回程度しか訪問しないので、あらかじめその間を補完する何らかの取り組みを約束しておく必要があります。

経営コンサルタントに何かの仕事をしてもらうというのではなく、戦略の方向付けについての裏付けを固める、課題解決のための選択肢のレビューを依頼する、新規事業やプロジェクトの実現可能性の評価（フィージビリティスタディ：feasibility study）を依頼する、生産性向上のための仕組みづくりの助言と協力を依頼する、などいずれもコンサルタント任せの仕事ではなく、あくまでコンサルタントの依頼側である企業主体の仕事として、コンサルタントを活用する方が期待する成果に結びつくと考えられます。

また、コンサルタントから情報や助言を受けるだけでなく、積極的に問題点や課題をぶつけて、その解決案や他社の先進事例を教えてもらうことも可能です。コンサルタントがその場で情報を持ち合わせていない場合には、次回訪問までにいろいろな手段で情報を集め、後日回答することになります。

依頼内容によっては、すでにシンクタンクなどが調査レポートを作成しており、十万円程度の費用で入手できる場合もあります。最近ではインターネットなど各種のメディア情報からも相当の情報が入手できますが、多様な情報の分析と信頼できる必要な情報の抽出・整理などは、身近なコンサルタントの力を借りた方が有効ではないかと思われます。

（b）経営コンサルタントの選び方

メディアなどに露出している著名なコンサルタントやビジネス書を多く執筆している人は中堅以上の企業の対応が中心で、小規模な事業者で依頼することは難しいでしょう。

国や都道府県の中小企業支援機関が実施している専門家派遣事業の専門家登録リストや商工会議所や地域の商工会に登録されている中小企業診断士、税理士、社会保険労務士などの専門家は、一定の公的資格を有しているので、それなりの貢献は期待できるはずです。ただし、リスクは少ない半面、期待に応えられるだけの実務経験などがあるかどうかについては当然当たり外れがあります。公的な専門家派遣によるコンサルティングは、一定回数の範囲で、無料あるいは少額の企業負担でコンサルタントを活用できるので、積極的に問い合わせをしてみることをお奨めします。なお、いつも無料の公的な専門家派遣に頼り、コンサルタントはタダで使えると思っている経営者がおりますが、一定の時間と回数の制約範囲での活動であり、その成果は限定的なものになります。優秀なホームドクター、かかりつけ医を持っている人は幸せな人生が送れるといわれるように、企業にとってもいつでも制約なしにコンタクトが取れ、経営状況を熟知した外部の専門家を複数持ち合わせることは、大きな無形資産であると考えます。

最近、三十代以下の若い経営コンサルタントも増えておりますが、実務経験も乏しく大丈夫かといった懸念があります。私の場合は、中小企業診断士の実務補習などの機会に、チームを組んで若い人たちと企業診断や戦略立案などのコンサルティングを行い、短期間に百ページ近いレポートを一緒になって作成する機会があります。もちろん実力は年齢だけで図ることはできません。二十代でも会社で数年鍛えられてきた優秀な人もいます。チーム・コンサルティングでは、さまざまな経験を積んだ人の意見を聞くことができるので問題ないのですが、独立して一人でコンサルティングを続けるには、やはり複数の業界での実務経験が必要であると考えます。韓国のサムスンでは会社の重役に昇格するには三つの事業部での実績が求められるそうですが、新たな事業を先導していくためには、そのような複数業界での経験と知識がものをいうと言えるかもしれません。

先に紹介した中小企業支援機関に登録されている専門家リストやコンサルタント本人のホームページなどに、プロフィールや業務経験が記載されているので参考になるでしょう。

第五章　教わることの楽しさと喜び

（1）メンターとの出会い

メンターとは、人生の大切な転機に的確な指導をしてくれる人、すなわち人生の恩師です。メンターというと素晴らしい人格の人や成功者をイメージしますが、身近なところでは、親兄弟、夫婦（つれあい）、子供なども自分の生き方を大きく変える存在です。通常、家族などの身内をメンターとは呼ぶことは少ないですが、一般に人生で最も長い期間の付き合いである妻（または夫）の影響は大きいものがあります。

私が交流させていただいている倫理法人会の教え「万人幸福の栞（しおり）十七ヶ条」の中に「夫婦は一対の反射鏡」と謳われています。この言葉を聞いたとき最初ドキッとしましたが、確かにその通りだと思いました。やはりパートナーの存在は大きく、自分を元気づけ、また適度な自制心を持てるのもパートナーのおかげではないでしょうか。場を和やかにすることや仕事と生活のバランス感覚については、女性の方が勝っていることが多く、特に男性にとっては妻の存在は大きいと感じます。家庭だけでなく仕事場でも男女のバランスの良い職場の方が良いアイデアが出やすいようにも思います。結婚だけが人生ではありませんが、最近は、四十歳を過ぎても二割近い人が結婚しない状況であり、またそのような出会いがなかったとする人が珍しくない世の中のようです。今日の少子化は晩婚化、非婚化が原因であり、だれもが進んで結婚できる社会や環境づくりができればと思います。さらに離婚率が高まっていることも問題ですが、最大のメンターと思われるパートナーの不在はさみしいことに違いありません。

また、家族におけるメンターとして、祖父母の影響は強いように思います。子育ての頃の親はまだ社会経験も浅く、一般に仕事も私生活もあまり余裕もない時期です。そんな時期に人生の振り返りができ少し余裕ができた祖父母の話は、子育てにとても大切ではないでしょうか。特に我々団塊及びポスト団塊世代がしてきた子育て期は、経済成長と子供の受験競争が激しく、お金のことや勉強のことが優先してしまったことが反省されます。更に昨今では、核家族化が当たり前になって、家族となる結婚の儀式を挙げても嫁ぎ先である夫の実家との交流が形式的になっていることが多いように思います。夫の親からお袋の味を学ぶほど親しく交流できている嫁（女性）が極めて少なくなっているように感じます。日本の食生活を通して学ぶべきことはたくさんあります。その一部は、インターネットやテレビの料理番組などからも学べますが、身近な嫁ぎ先の親から受け継ぐ重要性も認識してほしいと考えます。

今後ますます超高齢社会が進展する中、高齢の親と若い人の交流が希薄になってしまうことはいろいろな生活の知恵を学ぶ上でも日本文化の伝承の上でも大変残念なことです。単に若い人の価値観優先ではなく、もう一度二世代、三世代が同居しての暮らし方を推奨する社会状況ではないでしょうか。ただ、これからの高齢者の年金は、若い人達の生活費を補てんする余裕まではないことを認識しておかなければなりません。「一億総活躍社会」のスローガンが、みんながお金を稼ぐために働くというのではなく、世代間・家族間の交流が活発となり、心が豊かになる社会の実現を目指すべきではないでしょうか。

次に、仕事上のメンターについてお話します。

就職する会社選びの段階、仕事の悩みの相談、転職や退職についての相談など仕事上のメンターとの出会いはたいてい誰でもあると思います。ビジネスパーソンにとっては、人生の半分近くの活動時間が仕事に費やされる現実の中で、仕事の上での良きメンターとの出会いが成功や幸せにつながります。しかし、若い間は、仕事に関していろいろ相談に乗ってくれる人のありがたみがわからないまま過ぎてしまうことも多いと思います。

私の場合には同じ高校を卒業し、同じ電機会社の研究所に就職した同郷の四年上の吉田先輩がいます。部署が違っていたので同じ仕事に就いたことはありませんでしたが、公私にわたり自分の手本となってくださったように思います。今でも家族ぐるみのお付き合いをさせて頂いています。その先輩は絵画や書道などの趣味も多才で人付き合いも広く、その生活時間の密度はうらやましい限りで、とても真似できませんでした。一方では先輩に負けたくないというライバル心もあったので、いろいろな助言を素直に聞けなかったこともありましたが、最大の感謝は、土地付きの家の購入を迷ったときに、親身に背中を押してくれたことです。本当に四季折々の季節の変化が楽しめ、いつでも気分転換のできる公園沿いの一戸建てに住めたのもバブルが始まりかけたあの時の決断ができたからです。その先輩以外に、同じ職場や事業所の中では、仕事上さまざまな助言や支援をいただいた多くの上司や先輩がおり、年賀状のお付き合いが続いている人も何人かおりますが、今振り返ると大切なメンターに対する感謝の気持ちが足りなかったことを反省しております。

会社を退職し経営コンサルタントとして独立開業してからも、幸いにしてメンターと呼べる人との出会いは続いています。特に何人もの従業員を雇用している経営者の考え方を伺う中で、仕事や生き方について逆に教えていただくことはめずらしくありません。

今後は仕事以外の生き方についてのメンターとの出会いも重要だと考えます。

(2) セミナー・公開講座の聴講

私は、企業経営にかかわる新たな情報収集や知識の補充のため、ビジネスセミナーや公開講座の聴講に積極的に出かけております。ただし、講師のプロフィールやテーマについてある程度下調べをした上で参加しないと、折角良い話を聞けたと思っても、一時の満足に終わることもあり、時間の浪費となる場合があります。何のために聞きに行くのか、何の情報を得たいかなど常に目的をもって行動する必要があります。また受講後、内容のポイントを要約したり、紹介された書籍やホームページ情報を確認したりして自分なりの整理をしておかないと後での活用ができないで終わることになってしまいます。

一度、講演者の生のお話を伺っていると、その人の著書やネット情報などの理解度がより深まるような気がします。また、必ずしも自分では実践できていませんでしたが、聴講させていただいた講師へのお礼状やメールを出して、交流のきっかけを作ることも重要です。

（3）資格取得への挑戦

ビジネスや趣味などのスキルアップのために資格取得に挑戦することは、人生の過程で何度かあると思います。ここでは、私が五十歳を過ぎて取得した経営コンサルタントの国家資格である「中小企業診断士」という資格取得についてお話しします。

自分自身が五十歳という人生の節目が近づき、定年後の仕事を意識し始めたころ、まだまだ社会に対しても自分自身に対しても達成感というものはなく、生涯現役で元気に仕事をしている人が素晴らしく見えるようになりました。それまでの三十余年の実務経験と知識を少しでも生かせ、自分の裁量でできる仕事をしてみたいと考えた時、経営コンサルタントになって、中小・ベンチャー企業の事業展開をお手伝いできないかと簡単に考えました。そのための資格として、ちょうどその頃中小企業診断士の試験制度が変わり、ＭＢＡ（経営学修士）の凝縮版のような試験科目構成となりました。中でも「企業経営理論」の中のマーケティングや「新規事業開発」、「経営情報システム」は、自分が実務でやってきたことに近い内容で特に興味がありました。それまでに簿記二級は合格していましたが、決算書の分析を中心とする「財務会計」、「経済学」、「経営法務」などは、ほとんど勉強したことのない科目内容でした。試験制度も変わったばかりで過去問は一回分しかなく、整備された参考書も極めて少なかったので、受験のための資格の学校に通う決断をしました。会社の通勤途中にある資格の学校の中で、模擬授業などにも出席して大原簿記学校の中小企業診断士講座を受講することに決めました。決め手となったのは、川辺房男先生の模擬授業です。営業の実務経験なども踏まえ、テキスト解説以外の実践をイメージできるようなお話が受験勉強を通して聴けることが楽しみで決断しました。実際には、科目ごとに講師が異なり、企業経営理論だけでしたが最も好きな科目となりました。当時「新規事業開発」という科目も独立しており、自分の得意科目の一つではありました。途中から苦戦したのは、「財務会計」と「経済学」は、消化不良のまま一次試験に突入した状況でした。四つの事例問題をこなす二次試験は、試験対策期間が三か月程度しかなく、事例問題をこなすため、TBC受験研究会二次対策講座にも通うことにしました。

幸いにして、一次二次のストレート合格ができましたが、未消化の部分も多く、資格取得後、試験対策講座の講師やコンサルティング実務の場面で学習をし直す必要に迫られたことはありました。長期にわたり受験のための勉強を続けることは感心しませんが、やはり最低でも2000～3000時間位の勉強内容はあると感じております。

今後、新たにこの資格取得に挑戦しようとする皆様に学び方のアドバイスを申し上げます。この資格の勉強は、ビジネスの基本である経営の基本を一通り網羅しているので、会社経営者、会社組織に属する管理職やリーダーの人、自営でビジネスを展開する人すべてに無駄にならない内容です。「なぜ、この資格に挑戦するのか」という目的をしっかり持って、勉強を始めたら合格するまであきらめない決意で取り組む必要があります。

最近は参考書も充実してきているので、独学や通信教育で勉強される受験生も増えているようですが、人脈の拡大や競争意識の維持という点で、血の通った期待の模擬事業を実施している資格の学校を選ぶことをお奨めいたします。単に学習テキストのポイント解説で、大事な部分に線引きさせるような講義方法はお奨めできません。

二次試験合格者には、3次試験に当たる実務補習という三社の企業診断を行います。五～六人のチームで一五日間、経営コンサルタントとしての実務経験を積む必要があります。現在、私はその指導員をさせていただいており、今まで十チーム以上の受験生と交流してきました。正直申し上げて、同じ二次試験までパスした人たちでも、実務経験によりかなりのレベル差を感じます。最近はＥＸＣＥＬなどを駆使し、かなり複雑な統計処理やデータ処理能力を持つ人や、仕事のスピード感においては、指導員を超えている人も何人も見受けられます。しかし、一方では実務経験に乏しく、指導員やネット上から得られる情報以上のまとめができず、期待される役割をこなすことができない人もチームに一〜二名います。後者に当たる人は、いきなり経営コンサルタントとして転職したり、独立したりした場合には成果を発揮することが難しく、苦労してしまうことになるので、自分の適性を理解したうえで適切な進路を選択することをお奨めします。やはり、チームで仕事をこなし、マネジメントする能力と経験は必須であり、経営コンサルタントとして独立する場合でも、それまでに少なくとも一度はチームでの成功実績を確立しておくことが次の成功への近道と考えます。

（４）メディアからの学び

私たちは、テレビや新聞などのメディアから毎日政治・経済の動きや世の中で起きている事件・事故などのニュースに触れています。一九七三年頃までのテレビやラジオでのニュースと言えば、記者が書いた原稿をアナウンサーが正確に読んで伝えるもので、ニュース番組を楽しむというものではありませんでした。

一九七四年四月からＮＨＫの「ニュースセンター九時（ＮＣ９）」で磯村尚徳さんという初めてのニュースキャスターが登場し、ニュースを自分の言葉で語りかけるように伝え、時にはニュース解説に私見を挟むようになりました。その後、民放各局もこの形を真似たようなニュース番組ができ、定番化してきました。私は、磯村さんの「ちょっとキザですが」などの著書を読みましたが、ＮＣ９降板後に磯村さんの講演を会社で直接拝聴する機会があり、とても感動した記憶があります。そのとき色々教えられたことで以下の二つのことは今でも実践し続けています。

①起床時と就寝時には、必ず家族に挨拶を交わすこと。
②自分のことは常に僕（ぼく）とは言わず、私（わたし、またはわたくし）と言う。

特に当時の会社の先輩・上司や学校の男の先生でさえ、多くが自分を僕と言っていたので、最初は何となくキザで気恥ずかしかったですが、慣れてしまうと逆に子供っぽい僕という言い方には戻れませんでした。

次に大人気のニュース番組になったのは一九八五年から始まったテレビ朝日の「ニュースステーション」で、キャスターを久米宏さんが十九年半務めました。政治的なニュースにも歯に衣着せぬストレートな評価を加え、視聴者のモヤモヤや不満をスパッと解消してくれることが多くありました。この番組は、その後「報道ステーション」と名称を変え、現在古舘一郎さんがキャスターとして小川彩佳さんと一緒にがんばっています。

また少し後の一九八九年から二十年間は、ＴＢＳの「筑紫哲也ＮＥＷＳ２３」があり、その中の「多事争論」というコーナーが記憶に残っています。ニュースキャスターである筑紫哲也さんが、その日の大事なニュースのポイントや見方を九十秒でまとめるものでした。筑紫さんの最後の多事争論を今でもＹｏｕＴｕｂｅで見ることができ、日本（政府）はガンに侵されているという、自分の病気の状況と合わせ、大変意味深いメッセージを投げかけています。「多事争論」とは、福沢諭吉さんの言葉で、「自由な気風を保つためには、違う意見を持つものが議論しあうことが何より大切である」という意味があるようです。

ニュースの情報は正しい、国の決めたことに口をはさむべきではない、多数決は正しい判断と思いがちですが、これらのニュース番組やニュースキャスターから、ニュース（情報）を鵜呑みにすることとの間違いやリスクについて教えられました。

十年間毎朝五時半から切れ味の良いニュース解説をされたＴＢＳの「朝ズバ！」のみのもんたさんにもいろいろ教えられるものがあり、今日もみのさんに負けないように元気でと励まされた一人です。

ここに紹介した素晴らしいニュースキャスターはほんの一部ですが、「テレビのニュース番組がドラマより面白い」と感じさせてくれるようになったことだけは事実でしょう。

もちろん、ニュースは事実を正確に伝えるべきであり、極力私見を述べないことに徹して、わかりやすいニュース解説をされている池上彰さんも立派です。ただし、限られた放送時間内にどのニュースを取り上げるのかといった選択はテレビ局スタッフなどによって先に行われていることは視聴者も知っておかなければなりません。

国論を分けるような憲法改正、安保法制、原発再稼働、沖縄基地問題、外交政策、少子化対策、消費税減税等々、専門家や知識人、各界のリーダーの自由な議論がニュース関連番組でもっと取り上げられることを希望しています。そして、世論がより正確な情報によって方向付けされ、より適切な判断を国民ができるような社会にしなければならないと思います。単純な論点の展開で国民を選挙誘導し、実は小さく公約で示していたとのことで、大多数の議席によって一方的な政策や予算の執行を推し進めていくことがないように、マスメディアももっともっと骨のある報道を常にしていただきたく希望するところです。

メディアから学べることはニュースだけでなく、いろいろなスポーツや芸能、観光、地方の生活、趣味の番組等々限りがありません。

経営コンサルタントである私は、世界情勢や政治の動向が企業経営に大きな影響を与えるので、常にそれらのニュースをウォッチングしながら、自分の価値観の軸をベースに状況を判断できることが必要であると常々考えています。さらに、TBSの報道ステーションに週一回のコメンテーターとして出演している経営コンサルタントのショーン・マクワードル川上さんのように、国際情勢にも明るくなって多くの視聴者に役立つニュース・コメントができ、安保法制や原発再稼働のような対立する意見のある政策についてもより望ましい方向性を論理的に示唆できることを素晴らしいと考えます。

（5）最後に

二〇一五年四月に発刊された、本田健著「人生を変えるメンターと出会う法」には、メンターの見つけ方からメンターとのお付き合いの仕方まで、具体的に記載されています。すばらしいメンターと出会いたければ、その出会いを望むと同時に、メンターを引きつけるような魅力やエネルギーを自分自身が持つことが大切であるということも書かれています。

いずれにしましても、充実した人生を送るためには、素晴らしいメンターといえる人との出会い、そしてその人から学べることの感謝の気持ちが大切であることを痛切に感じます。そして、これぞと思った人と出会えたら、謙虚な気持ちで積極的に自己開示していくことが必要であると思います。

第六部　小高　正芳による「上手な教わり方の秘訣」

第一章　教わり方の基本として受動的な考えで臨んで良いのか

（1）受け身に徹するという考え方は良くないが・・・

①　幼児から高校生に至るまで

「おぎゃー」と産声をあげて母親の体内から生れ出る赤ん坊は、成長するにつれて母親からいろいろなことを教わります。とくに、ことばに関していえば、特殊なケースを除いて母親から教わることになるのが自然の成り行きでしょう。したがって、母親が子供に言葉を教える必要性から、女性は男性よりも語学が達者になる可能性が大きいという説もあります。

それはともかくとして、赤ん坊から幼児に至る段階では、すべて受け身に徹した教わり方にならざるをえません。子供ながら自我が目覚めると思われる5～6歳から7～8歳になれば、受動的な教わり方に不満を持つようになるでしょう。とくに、小学校に入学してからは、それまでとは全く異なる自我意識が芽生えて、あれこれ悩み始めるようになります。

その当然の結果として、自分がわからないことについて先生など教える立場の人に対して、いろいろ質問したい気持ちが生ずるのもごく自然な成り行きでしょう。

とはいっても、何でもわからないことをどしどし先生に対して実際に質問できるかどうかということになりますと、一般的には、なかなか思い切って質問できないのが実情です。特に一斉授業を前提とするクラスにおいて、生徒が先生に質問するにはかなりの勇気を要します。先生側からみて、生徒からの質問を受けることをあまり歓迎しない傾向があります。だからと言って、わからないことをわからないままにして、授業をどんどん先に進めるというやり方は生徒にとって決して望ましいことではありません。

一口に学校の先生といっても、千差万別であって、質問を受け付ける時間をわざわざ設ける先生と、質問されることをむしろ嫌うタイプの二つに分けられます。日本人の先生に関して言えば、生徒から質問されることを嫌う人の方が多いといえます。

② 高校生から大学生に至るまで

高校生ともなりますと、生徒は自分を教えている先生に対して、これまでとは違って色々と批判的な目で見る力がついてまいります。

例えば、担任の先生が英語の先生である場合でも、果たしてどれだけの実力を英語の学習について持っているのかという疑問を持ったりします。事実、授業そのものが惰性に流れてしまって、かなり程度の低いものにしまっている教師もいます。

また、数学の先生が生徒の前で問題を思うように解けない事実に出会うようなことがありますと、その先生の信用は丸つぶれになります。この例では、教師の資格がないといわれても仕方がないでしょう。

一方で、国語の先生についても、どの程度実力があるのか疑問を持つ場合があります。しかし、国語の場合は、先生の方で生徒に対し、ある種の課題を与えることによって、そのような疑念を持つ余地を与えないような実力を備えている先生が存在します。

例えば、生徒が「硯友社」について研究したいという意向を示したとすれば、生徒の興味は、その国語の先生ご自身に対して余計な関心を持つ前に「硯友社」とはどういうものであったかという方向に向けられる結果がもたらされます。

硯友社は尾崎紅葉が山田美妙・石橋思案らと結成した文学上の結社であることを知った生徒の興味は、疑いもなく尾崎紅葉らに向けられるであろうことは疑う余地がありません。

大学に進学して感ずることは、大学においても学生側の質問を原則として受け付けない傾向がみられることです。

もちろん例外はありますが、質問を受けること自体が自分の尊厳が大なり小なり傷つけられると誤解しているケースが多いのではないかと思われます。

社会学の権威で大学のいわゆる看板教授の誉れ高かったS教授の場合はどうだったでしょうか。昭和三〇年代の初めごろ、ロシアがまだソ連といわれていた中を外遊されて、ゼミの授業の中で、いろいろ土産話をしていただきました。最後に、何か質問があれば受けつける旨のありがたいチャンスを頂きました。

「ソ連での宗教はどのような感じでしょうか」とごく素朴な問いかけに、一瞬ためらいの表情を見せられた教授は、「君は哲学科かね」と逆に聞かれてしまいました。

哲学科の学生には申し訳ないのですが、その瞬間、「君はちょっと頭がおかしいのではないのかね」と聞かれたような気分になりました。結局のところ、肝心の回答はいただけませんでした。この一件でもわかるように、質疑応答というものは全く難しいものなのだという感想です。

③ 社会に出てから

大学を卒業すると、一般的には、いよいよ社会に出て働くようになります。

就職先にはいろいろなタイプがありますので一概には言えませんが、新入社員は先輩からいろいろなことを学ぶことになります。

先輩にもいろいろありますから、教師の場合もあり反面教師の場合もあります。しかし、いずれの場合であっても、新入社員側からは貴重なアドバイザーであることには変わりはありません。

男性が先輩である場合は、会社の規模にもよりけりだと思いますが、小規模の場合ですと、えてして社長の悪口を陰ではありますが平気で言います。

ごく小規模の会社の場合は社長が先生の役割を果たします。新入社員であった頃、船会社の船員保険の仕事を仰せつかったことがあります。

築地方面に船員保険事務所があって、社長から依頼された件について、ようやくのこと役割を果たすことができたので、電話で、その旨を報告いたしました。すると、「結論を言いたまえ、結論を！」とかなり厳しい言葉が返ってまいります。

せっかく苦労して要件を報告しているのに、それはないだろう、と内心は思いながらもかいつまんで報告した覚えがあります。客観的な立場でこの一件を振り返ってみるならば、社長の発言はむしろ当然とも言えるものですが、新入社員の立場からは、もう少し社員に対してねぎらいの態度もほしいものだと思ったものです。

（2）むしろ積極的な教わり方が望ましい

① 小学生の場合

小学生の低学年の生徒といっても個人差があります。小学生でも早熟と思われる生徒は、クラスの中でも、いち早く頭角を現します。そのような生徒は、そのまま中学年から高学年になっても、良い成績を上げ続けるかといえば、実際には、なかなかそのようにはならないことが多いと思います。

小学一年生の頃は、ただなんとなくぼんやりとしていた印象のある生徒でも、中学年から高学年になりますと、めきめき頭角を現すようになる生徒がおります。このような生徒は、小学生という枠内でいえば、いわば大器晩成のタイプと言えるでしょう。

小学生でも、中学年から高学年にかけていえば、むしろ積極的な勉強の仕方を身に着けていると思われる生徒も出てまいります。

② 中学生の場合

中学生になりますと先生に対する意識が小学生の時に比べて、かなり批判的な傾向がみられるようになってまいります。したがって、先生がいうことに対しても、そのまま鵜呑みにすることなく「それは本当のことなのだろうか」などと考えるようになります。

だからと言って、わからないことをいろいろ先生に向って質問するかといえば、なかなかそこまで勇気をもって発言できる生徒は少ないのが現実です。

③ 高校生の場合

高校生になれば、個人差はあるものの、ものの考え方が大人じみてまいります。中学生時代から続けてきたクラブ活動にも一層力が入ってまいりますし、勉強にしてみても難易度の点で中学生の時とは比べ物にならないくらい程度が高くなってまいります。

友人関係一つを取りましても、中学生時代とは違って交際範囲がぐっと広がってくるのが当たり前になります。

先生に対する好き嫌いの程度も中学生時代よりはっきりしてまいります。先生の方も多くの生徒に対してまんべんなく接する時間の余裕もありませんから、生徒側から見れば、よほど積極的に先生と向き合う時間を作り出すような努力をしない限り置いてきぼりにされてしまう危険が常に付きまといます。

(3) 自己の向上を望む考え方を基本に持つことが必要

① 将来についてどの程度深く考えるか

アメリカなど外国の場合は事情がかなり違うようですが、日本では特殊なケースを除いて、自分が将来何になるかを深く考えることはまれであるといえます。

小学生の高学年に担任の先生によっては「将来何になりたいか」という質問を全員に対して投げかける場合があります。

例えば、知人から天文学に関する書籍をプレゼントされ、宇宙の不思議さに感銘を受けた生徒がこのような質問を受けると「天文学者になりたいです」と真面目に答えたりします。また、成績はそれなりに良い生徒でも、先生の同じ質問に対し「魚屋の丁稚小僧になります」とふざけたことを言う生徒もいます。そのような答えに対しても、先生は怒ったり叱ったりすることなく、他の生徒の笑い声にむしろ同調するかのように一緒になって笑います。

② 暴力に訴える教師が後を絶たない

先生が生徒に対して暴力を振るうということはあってはならないことです。しかし、先生も人間ですから、いつも機嫌の良い時ばかりというわけにはまいりません。自宅を出るときに夫婦喧嘩をしたということだって、ないとは言えません。そのようなとき自覚しないまま生徒に対して必要以上につらく当たり、場合によっては腕力に訴えて、自分より力のない生徒を理由もなくなぐるという事態も発生いたします。

いちいち先生のご機嫌のよしあしなどには無頓着な小学生にしてみれば、自分が殴られるという不運な目にあうなどという事態は予想もできません。

先生の質問に対し、返事の仕方が悪いという理由で二人の生徒が殴られました。このような時、気の毒なのは生徒の方で、多くの場合は泣き寝入りです。しかし、たまに親にそのことを話す子がいたりすると新聞沙汰になって、教師の方が罰を食う羽目に陥るケースもあります。殴られた生徒本人は、先生に殴られたことをおそらく一生忘れることはないでしょう。一方、生徒を殴った先生の方は、そういった事実さえすぐに忘れてしまうのかしれません。

そのようなことは教育現場にあってはならないということは誰でも承知しているはずです。でも、人間は一時の感情に支配されて、教育者といえども自分自身をコントロールできないことがあるということを物語っています。

現在はＰＴＡが校内外に対する勢力を以前とは比べ物にならないくらい大きく持っておりますので、暴力を振るう教師は厳しく罰せられるのが通例です。したがって、現状では暴力教師と呼ばれるような教師の存在を校内外はもちろんのこと世間が許さないようになっております。

③　積極的で前向きな生徒を教える先生

親が勉強しろとうるさく言うので仕方なく勉強するというのではなく、自分から積極的に勉強しようという気持ちになる感心な子供もいます。

そのような生徒を仮にＡ君と呼びます。その場合、クラスの中での競争でＢ君には負けたくないから一生懸命勉強するのだというわけでもありません。

Ａ君もＢ君もおそらく上手な教わり方の秘訣を身に着けていると思われます。もちろん、そのクラスの教師をはじめ、他の学科の先生方も上手な教え方をしている結果として、Ａ君やＢ君のような優秀な生徒が生まれたと解釈することもできます。

この場合、上手な教え方の基本は、生徒たちにわかりやすく、ていねいな授業を展開していることだと思われます。

しかしながら、一方的に教える側だけの能力を問題とする考え方から、そろそろ教わる側の態度や考え方に焦点を当てる考え方に目を移すことが必要な時代に突入していると考えることができないでしょうか。

他人との比較などは、あまり気にせずに、ただ自己の向上を望むから勉強するという考え方は、まさに理想に近いものと言えるでしょう。

④　詰め込み主義ではうまくいくはずがない

以前から、下手な教え方の典型として「詰め込み主義」が批判されてまいりました。

教師は教える立場として、生徒側の反応を確認しながら教えるというやり方をとるのが望ましい教え方です。一方、生徒側も、ただ先生の教え方がうまいかまずいかを考えるよりも、自分たちの教わり方が上手なのか下手なのかを考える余裕がほしいところです。

教科によって、上手な教わり方の内容も変わってまいりますが、共通点として、生徒自身が考えながら教わるというポイントは譲れないところです。

つまり、国語にせよ算数にせよ、また他の教科にせよ、生徒自身の頭脳で考えることなしに進めることは望ましくないといえます。

上手な教わり方の基本は、受動的な教わり方に徹することなく、自分から積極的に働きかける教わり方にあるといえます。

ただ、生徒側から先生に対して質問を投げかけることには、かなりの勇気がいることは確かなことです。いつも先生からいろいろな質問を投げかけることに慣れていて、自分から先生に質問することには慣れていないので、消極的になってしまいます。しかし、それでは上手な教わり方のできる生徒になれないということを肝に銘じる必要があります。

⑤　上手な教わり方を実施した例

上手な教わり手として歴史上有名なのがモーツァルトだといわれています。ヴォルフガング・モーツァルトが十三歳の時、父親と一緒にイタリア旅行に行ったといわれています。

上手な教わり手というからには教師の存在が必要ですが、モーツァルトの場合は一緒に旅行に行った父親が教師であったということです。

一般に親子の間柄で先生と教師という立場では、生徒役の子供に甘えがあって、どうもうまくいかないのではないかというのが世間一般の常識です。モーツアルトの父レオポルドが実際どのような教育を幼い息子に対して行ったのか詳細は分かりませんが、旅行中における生活のすべてが教育であったと思われます。その教育の結果として、数々の名曲の作曲につながったということになります。

第二章　教え方の上手な人の見つけ方

（1）教え方の下手な人は数多くいる

教え方の下手な人を探そうとしたら、あまり苦労することなくその目的を達することができると思います。

小学校から大学まで、それぞれに数多くの先生に接し、その教えを受けるわけですが、教え方が上手だと感心するケースは数少ないといえるでしょう。

よくよく考えてみますと、多くの教師の中で「よし、私は上手な教え方をしよう」と心の中で誓う人はどのくらいいるでしょうか。

全くいないとはいえないまでも、いたとしても、それは本当にまれなケースといえるでしょう。そう思いたくなるぐらい、「上手な教え手といえる人が少ない」といえます。

もっとも「上手な教え方をしよう」と決心したところで、上手な教え方ができるわけでもありませんので、結果としては上手な教え方をする人が少ないのです。

もし、ごくまれなケースとして「上手な教え方をしよう」と決心したところで、それだけで教え方がうまくなるという保証はどこにもありません。

（2）教え方が上手な人を見つけるには苦労が伴う

上手な教え方をする人を見つける方法の一つとして、世間の評判を頼りにして探すという方法があります。

このやり方ですと、かなりうまく上手な教え方をする人を探すことができそうです。

しかし、このやり方にも欠点があります。それは探そうとしている人自身の人脈の問題です。その人の人脈が豊富で、紹介してくれそうな人との付き合いが実際にあれば、成功の確率はかなり高いものになることが期待できます。しかし、探そうとしている人自身の人脈が乏しい場合には、紹介してくれそうな人を探すのに苦労すると思います。

具体的な事例として、世間でも優秀な学校の生徒や大学の学生とのつながりがある場合には、比較的容易に上手な教え方をする人を探すことができます。

つまり、身内の中でそういった学校や大学に縁のある人がいるのであれば、その友人を頼りに家庭教師を探すことが可能です。

この場合、上手な教え方をする人の例として家庭教師をあげましたが、それなりの特別な金銭を支払って教えて貰うのが通例ですから、上手な教え方をしてもらえる人でないと困るのは当然の話です。

第三章　教わる時間の作り方

（1）時間は作り出すものであって初めからあるものではない

「時間があれば教わりたい」と考える人は多いと思います。また、同じようなことですが「時間がないから教わりたくても教われない」と考えている人もかなり多いのではないでしょうか。

高校時代、山登りに夢中になり、夏山限定ですが南北アルプスの山々を上っていました。

そのようなとき、市電（当時はまだ横浜市内には市電が走っておりました）の中で、小学校以来の悪友に出会い「よく山登りをするねエ。僕なんか、山に登りたくても時間がないからどうにもならないよ」とやや皮肉めいた感じで嘆いて見せました。それに対して「時間なんかなくても山登りぐらいできるよ」と答えると、「ヘエ～、時間がなくてもねエ」とおどけたようなそぶりを見せながら絡んでまいりました。それを傍らで聞いていた山岳部の同輩が見かねたように「要は、山に登りたいと思えば、その時間を作り出せばいいということだよ」と助け舟を出してくれました。

これは、あくまでも山登りがテーマの話ですが、何事についても「教わる」ことに対しての時間の作り方も全く同じようなことが言えると思います。

つまり、「教われない」のは時間がないからではなく、「教わるための時間」を自ら作り出そうという努力が足りないために教わることができないということです。

（2）必要な時間は作り出せば意外とあるもの

最近、パソコンの操作全般について近くにあるパソコン教室に通うことにしました。常識的に考えますと、日常、仕事が忙しくて、とてもパソコンを習うような時間がないのは分かり切っていました。

それにもかかわらず、あえてパソコン教室に通う決心をしたのは、パソコン操作について非常な不便を感じていたという背景があります。

考えてみますと、ずっと昔の話になりますが、初めてパソコンに手を触れたときは、確か、まだワープロと言っていた時代であると記憶しています。

その時は、何しろ初めてのことですから、手元に機器を持っているわけでもなく、池袋西口にあった「ワープロ喫茶」に通ったのがスタート時点での経験です。

「ワープロ喫茶」という言葉通り、コーヒーを飲みながらワープロを教わるというスタイルです。ワープロを教える先生が同時にウエイターでありウエイトレスであるというスタイルでです。

もちろん、ワープロを教えるというのが先生の本来の使命ですから、コーヒーも生徒に入れてくれるというサービスではありましたが、生徒側にすれば大変なじみやすい感じでワープロを教わることができたという結果です。

当時のワープロというのは、現在のパソコンの中のワードだけを切り離したような感じのものでした。

これは便利だから、早速購入して仕事に使おうかと考えました。入力した文字の転換がどうなっているかを自分なりに確かめる必要があると思い、試しに「しょうてんがい」と入力して、うまく「商店街」に転換できるかどうかを試してみました。

ところが、いくらやっても思い通りに転換できません。これではせっかく高いお金を出して購入しても仕事には役立たないとあきらめました。

そうこうするうちに「ワープロ」ではなくて「パソコン」と名の付く機器が出回るようにな

ります。

色々なメーカーのパソコンが出ていましたが、たまたまあるご縁で日立のパソコンがよさそうだということになり同社の数人のセールスマンと知り合うようになりました。

いろいろ検討した結果、セールスマンの熱心な勧めもあり、パソコンとプリンターをセットで購入します。当時の機器は大きさもかなりかさばるもので重さもかなりのものでした。価格は両方合わせて百万円で懐にはずしりと重みがかかりました。

早速自宅事務所に備え付けて使いこなすよう努力しましたが、なにしろ機器そのものがかさばる上に重量がありますので、なかなかなじめず、ついに使いこなすところまでには至りませんでした。

これでは、器械を使いこなすどころかパソコンに使われているなと思っている矢先に、今度はＩＢＭ社からもっと手軽で使いやすいパソコンが出回っているという情報を入手しました。

都合がよいことにＩＢＭ社にはかねてからの知り合いの同僚の社員が勧めていましたので、早速お願いして、パソコンとプリンターをセットで購入します。価格も日立の時と同じ百万円でした。度重なる出費はこたえましたが、仕事をこなすとなれば、仕方がないとあきらめるほかはありません。

その後は某社の組み立てパソコンに手を出したりして、相変わらず試行錯誤を繰り返しましたが、ソニー社のノートパソコンを入手したり、デスクトップでは台湾製のパソコンを手に入れたりして今日に至っております。

（3）教わる時間の価値を自分に納得させることが必要

物事を他人から教わること自体、決して良いことばかりではありません。第一に、お金がかかりますし、教わる生徒側からすれば、教える先生に対して大なり小なり敬意をもって接しなければならないという先入観がありますので、それほど気楽に教わることはできません。

年齢的な問題について言いますと、「先に生まれたから先生というのだ」と、よく言われたものですが、実際問題として先生だから年上であるとは限りません。

事実、通っているパソコン教室には男女合わせて四人の講師がおりますが、全員が私より年下です。しかも、年齢の差は決して小さくはありません。

自分自身が年齢を重ねてくれば、年下の先生が多くなるのは理の当然で、このようなときには、若くてもなぜ先生なのかといえば、ことパソコンに関する限り生徒役の私より経験も知識もずっと上回るという事実があるからです。

年齢のことばかり気にしているわけにはまいりません。

したがって、自分より若い先生だからどうだとかこうだとかと言って気にしていたのでは、とてものを教わる資格そのものがないといわざるを得ません。

でも、不思議というか当然というか年下である先生が年上である生徒の私を捕まえて「よくできました」だの「入力のスピードが速いですね」などという褒め言葉は、明らかにお世辞であると認めてはいても、決して悪い気はしないものです。

いずれにしても、教わる時間の価値を自分に納得させることが何よりも必要です。「こんなくだらないことをいつまでもやっていられるか」などと自暴自棄的な考えやセリフは間違っても出さないことが肝心です。

その意味で、「教わること」そのものはあくまでも神聖な行為であり、何人といえども犯すことのできない尊いものであることを肝に銘ずべきものと考えます。

「時は金なり」という格言があります。時間も金銭も決して無駄に使うことは許されませんし、いつも自分自身でチェックして置く必要があります。

日頃、一日をどのように過ごしたのか、あるいは一か月をどのように過ごしたのかをメモ的なものにして残すようにしております。

たまたま、先日思うところがあって、昨年の今頃どこで何をしていたのか、また誰にあったのかについて記録をめくってみました。

その結果は、思いもよらぬものとなりました。「何をやっていたのか」「なんという無駄な時間を過ごしていたのか」「なぜこの人たちと会う必要があったのか」「なぜ、それほど遠いところまで出かけなければならなかったのか」などなど反省の山です。

当事者の私としても、いろいろな理由から人に会い、遠くにも出かけ、やらなければならないと思うからこその行動を起こしたのに、一年たった時点での自分自身の感想がこのような全く厳しいものになりました。

人生には常に反省が必要だとは思っておりましたが、自分自身の一年前の行動をこれほど厳しい目で見なければならなかったことについて、全く予想もしておりませんでしたので大きな反省ポイントになった次第です。

第四章　授業料を支払うのは馬鹿らしいと考えるのか

（1）目に見えないものだけにある程度の思いっきりが必要

一般にものを教わる状況というのは、何か目に見えるものを貰うというわけではないので、授業料を支払うのはなんとなくばかばかしいと感じたとしても無理のないことです。

テキストやCDなどを代金と引き換えにもらうことがありますが、これらはいわゆる教材というもので、教わることそのものではありません。

ただし、ただ口頭での指導やビデオなどを見る場合には、それらを目に見えるものとして手などで受け取れるものではありませんので、何となくばかばかしいと感じることがあるかもしれません。

この種のことは、教える側から見ますと、よほど神経を使う必要があるということを意味しています。

実際問題として、教わる中身の種類にもよると思いますが、教わったからといってすぐに役立つかどうかは全く予測できないことが多いといえます。

たとえば、小学校や中学校あるいは高等学校における生徒の受講態度を観察いたしますと、あまり積極的な意欲を持っているとはいえないと思います。

もちろん、何事にも例外がありますので、かなり意欲的な態度が見られる生徒がいることも否定できません。

もちろん、実際にお金を支払うのは生徒の保護者であることが多いのは事実ですし、義務教育としての小・中学校では私立以外の公立校では、授業料は無料でしょう。

話を分かりやすくするために、例えばパソコンを習うケースを取り上げてみましょう。

街なかのパソコン教室での受講生の多くは中・高年の男女です。

生徒がいるということは、パソコンの授業料や教材を多分、本人自身が支払っていると考えてよいでしょう。

パソコン教室の授業料や教材費は、一般に高額であることが多いと思いますが、ばかばかしいとは思わずに支払っている裏には、かなりの思い切りの良さがあってのことだと思われます。

（2）教わることの効果はじわじわとにじみ出てくる

パソコン教室での例を見ましても、教わったことの効果が即座に出てくることはあまり期待できないと思います。

もちろん、指導を受ける側の個々のテクニックについては、かなりの確率で受講者の身につくことでしょう。

しかし、そのテクニックをすぐに実際の生活や仕事あるいは趣味の場で効果として生かすことができることはむしろマレといってよいでしょう。

にもかかわらず、パソコンの技術をマスターすることは、教わる側にとって大きな進歩をもたらすものであることは否定できません。

パソコン教室で習った効果を短時間のうちに発揮しようと期待しても、おそらく裏切られる結果をもたらすと考えた方がよいでしょう。

むしろ、教わった時点から、かなり時間的に経過した時点で、おそらく思わぬタイミングで、その教育効果を発揮することが多いのではないかと推測いたします。

（3）長い目で見れば効果は歴然としてくる

例えば小学校で教わったことが大人になって役立つということは多くの事例が示している通りです。

現代では、小学校を卒業しただけで世間に出るということはあまり例がないでしょう。しかし、明治生まれの人の中には、小学校を卒業しただけで世間に出なければならなかった例は少なくなかったと思います。

現在の世の中では、多くの人たちが高等学校を卒業してから就職する、あるいは大学や専門学校に進学するというのが一般的です。

いずれにしましても、学校で学んだ効果は詳細に調べることは困難だとしても、総論的に見れば効果は歴然としていると見ても間違いはないでしょう。

第五章　教わることの楽しさと喜びを知る

（1）尊敬できる師との出会いですべてが決まる

世の中に尊敬できる師との出会いは幸運そのものだと思います。高校を卒業し、浪人生活も経験した中で予備校の講師との出会いもありました。

予備校というと、多分、勉強の話だけ聞くと思いがちですが、それほど偏った印象はありませんでした。講師の話の中には、単に勉強の話ばかりではなく、人生の生き方について、いろいろと教えられることも多かったと思います。

でも、本当の意味での人間対人間のお付き合いということになりますと、やはり大学に入ってからの経験を待たなければなりませんでした。

人間対人間のお付き合いという意味では、先生のご自宅にお邪魔する機会があるかどうかということが一つの分岐点になろうかと思います。

高校時代では、社会科のK先生が自宅の近所にお住まいであったこともあり、何度かお邪魔してお茶などのごちそうになりました。K先生はクラブ活動の山岳部の顧問ということもあり、かなり身近な存在として記憶に残っております。

大学に進学して、ホームルームのご担当が児玉幸多先生であったことから、先生のご自宅にお伺いするという幸運に恵まれました。

児玉先生は日本農村社会史の権威で、学習院大学では学長も務められた方です。学科の内容という面でも歴史という学科に対する認識を一八〇度変えていただいた恩人です。

高校時代に至るまで歴史という学科は単に暗記を強いられるつまらない学科と思い込んでおりました。

ところが、大学に入学し、児玉先生のお口から「歴史という学科は単に記憶するというものではなく、過去の出来事について、なぜそうなったかを考える学問である」旨のお説を伺うに及んで、まさに目からウロコの思いにかられました。

小学校から高校に至るまで、歴史という学科について、そのような考え方をする人に会ったことは全くありませんでしたので、その印象はまさに強烈でした。

そのことがあってから現在に至るまで、いわゆる歴史というものを考えるとき、必ず、なぜそうなったかを考えるようになり、その考え方は現在に至るまで変わっておりません。

（2）やさしさとともに厳しさがある

児玉先生の授業には積極的に出席するようにしておりましたが、その教授方針としてはやさしさとともに厳しさがありました。

たとえば、教室に学生が入室できるのは、児玉先生が入室される前までということです。つまり、授業が始まったら、遅れて入室することは全く許されませんでした。他の授業、例えば英語の授業などは午前中の一番初めの授業ということもあり、遅刻については大目に見られておりました。

しかし、児玉先生の授業に関する限り、いったん授業が始まったら最後、そのあとに入室することは全く許されませんでした。このことは、最初の授業の時にはっきりと全員に対して告げられましたので、先生より遅れて入室する学生は全くありませんでした。

先生は喜怒哀楽の感情については万事控えめの感じで、大声で笑うというお姿は全く見られませんでした。また、学生を叱責されることはほとんどありませんでしたが、大声をあげて叱り飛ばすなどということは想像もできないことでした。

学生時代、児玉先生の薫陶を受けること自体に、さほどの恩恵を感じていないきらいがありましたが、今になって思い起こしますと先生のご恩はいくら感謝しても感謝しきれないほど貴重な体験であることに気づかされます。

やさしさとともに厳しさがある、というのが児玉先生の指導方針であったことに思い当たります。

いずれにせよ、世の中に「教わることの楽しさと喜びを知る」ためには、優れた指導者に出会うという幸運が絶対条件であるといっても言い過ぎではないでしょう。

（3）教わる側にもそれなりの常識と礼儀を守ることが求められる

教わることの楽しさと喜びを知るというテーマについて、実際の事例として児玉先生の例を借りましたが、受け手としての学生側にも、それなりの常識と礼儀を守ることが求められます。児玉先生のような優れた指導者の教えを享受できる幸運に恵まれながらも、そのチャンスを着実に自分のものとするためには学生としての最低線の常識と、幸運に恵まれたという自覚が学生側にございませんと、せっかくの宝も持ち腐れになります。

事実、児玉先生のような不世出の指導者に巡り合えた幸運を自覚することなく、浮ついた考えであたら貴重なチャンスをみすみす逃してしまったクラスメイトも少なからずいたことも事実です。猫に小判とはこのようなことを言うのでしょうか。

経営コンサルタントとの付き合い方　定価（本体価格）1,400円＋税

ISBN978-4-86487-109-9　C2034

2013年7月26日　初版発行

経営コンサルタント7名が「経営コンサルタントとの付き合い方」という本を書いています。したがって、これから経営コンサルタントを目指そうという方々にとっては絶好の案内書になっていると思います

【編著者】小高　正芳

【著者】富田 哲郎、林 隆、細谷 和丈、白石 英亮、松 美奈子、溝田 啓孝

経営コンサルタントを目指す人のために　定価（本体価格）1,700円＋税

ISBN978-4-86487-267-6　C2034

2014年8月22日　初版発行

なぜ経営コンサルタントを目指すのか、ということから説き始め、次に経営コンサルタントに必要な資質と経験を具体的にしめしております。さらには、実際の仕事の上で必要な情報の取り入れ方や仕事のこなし方など実際の仕事に関連付けて解説しております。

【編著者】小高　正芳

【著者】細谷 和丈、福田 達夫、溝田 啓孝、林 隆、和田 武史

(以上)

【他の著書のご紹介】

あっ！　その接客間違っています！　定価（本体価格）1,800円＋税

ISBN：978-4-88361-886-6　C2034

2011年11月5日　初版発行

小売業をはじめ飲食業ならびにサービス業の3業種を中心に接客の問題を取り上げています。著者9名は、各自が買い物や食事のほかさまざまなサービス利用の場面で体験した事実をもとにして問題を作成しています。そして、それぞれの問題について、その解答例と解説を加えております。

【編著者】小高 正芳

【著者】富田 哲郎、中辻 一裕、福田 達夫、細川 良彦、青島 利久、滝 由美子、太田 真彦、伊原 隆

売れっ子コンサルタントへの道　コンサルタントが描く赤裸々な人生模様

定価（本体価格）2,095円＋税

ISBN978-4-88361-884-4　C3034

2011年6月8日　初版発行

◇チャレンジの動機　◇挑戦活動　◇合格　◇開業への道程　◇後進へのアドバイス

「売れっ子コンサルタントへの道」ということは、連綿として「売れっ子コンサルタント」への道を目指す、あるいはたどることを意味しているにほかなりません。

【編著者】小高　正芳

【著者】藤本 匡弘、伊藤 弘一、小泉 正信、江澤 博、板橋 昭寿、安達 隆久、上岡　実弥子

鈴木　香織
すずき　かおり

北海道函館市出身。上智大学文学部哲学科卒業。2011 年中小企業診断士登録。IT 企業に約 15 年間勤務した後、独立。公的機関での商工相談員、専門学校や創業塾での講師等、商店街支援、調査等を行う。
E-mail：
kaori_s_u@zpost.plala.or.jp
TEL：042-452-7798

佐々木 幸治
ささき　こうじ

東京都出身、埼玉県在住。メーカー勤務の後、印刷会社にてカタログなどの印刷物のデザイン・制作に携わる。2007 年 4 月中小企業診断士登録。趣味はマラソン・経済について学ぶこと。
E-mail：
shivarin@gmail.com

福田　達夫
ふくだ　たつお

兵庫県西宮市在住。中小企業診断士。大手製造業で新規事業開発部門企画部長。人事・利益管理・事業化推進等に従事。コーチング、タイムマネジメント等を研究。著書「知りたい！ビジネスキャリア制度」
連絡先：
QZI04501@nifty.ne.jp

著者紹介

当書籍を執筆したコンサルタントの方々です。もしご興味がありましたら、ご連絡先を掲載致しましたので、お気軽にご連絡をお願いします。

秋田　豊
あきた　ゆたか

生年月日：1985 年 9 月 23 日
居住・勤務地：静岡県伊豆の国市
保有資格：中小企業診断士・日商簿記 2 級 他
主な活動
㈲清水新聞店・専務取締役／販売促進コンサルタント／グラフィックデザイナー／静岡市産学交流センター 経営相談員／静岡県商工会青年部連合会 理事
メールアドレス：
shimizu.shinbunten@gmail.com

青島　利久
あおしま　としひさ

東京都羽村市在住。静岡県出身。日立製作所での研究開発、ヘルスケア事業開発など 30 余年の実務経験を生かし、経営コンサルティング（あすなろ経営企画）を展開。
経営力強化・教育研修に注力。中小企業診断士・1 級販売士。

連絡先：042-555-6445
http://asunarokeiei.jp

小高　正芳
おだか　まさよし

東京都東久留米市在住
アイビーコンサルタント
代表　中小企業診断士　経営コンサルタント
小売業・飲食業・サービス業などを支援　有名塾主宰
商店街アドバイザー
著書　「経営コンサルタントを目指す人のために」編著などのほか共著を中心に数十冊
連絡先：042-471-2951
Email：
m.odaka@jcom.home.ne.jp

上手な教わり方の秘訣

2016年4月11日　初版発行

編著　小高　正芳

著　福田　達夫
秋田　豊
佐々木　幸治
鈴木　香織
青島　利久

定価(本体価格1750円+税)

発行所　株式会社　三恵社

〒462-0056 愛知県名古屋市北区中丸町2-24-1
TEL 052 (915) 5211
FAX 052 (915) 5019
URL http://www.sankeisha.com

ISBN978-4-86487-491-5 C1037 ¥1750E